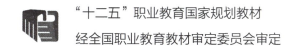

"十二五"职业教育国家规划教材

经全国职业教育教材审定委员会审定

营销素养训练

Yingxiao Suyang Xunlian

（第二版）

徐克美　黄晓蕾　主编

高等教育出版社·北京

内容提要

　　本书是"十二五"职业教育国家规划教材、校企合作开发教材,依据教育部《中等职业学校市场营销专业教学标准》,并参照营销员、营销师职业技能鉴定规范等行业标准,按照中等职业教育培养目标的要求等,在第一版的基础上修订编写而成。

　　本书主要内容包括:语言的魅力、销售语言、服务用语、商务形象礼仪、商务见面礼仪、商务场合礼仪、商务客户礼仪和商务危机处理。本书配有学习卡教学资源,获取与使用方法详见"郑重声明"页。

　　本书可作为中等职业学校市场营销、商品经营、连锁经营与管理等财经商贸类专业教材,也可作为营销从业人员参考用书。

图书在版编目(CIP)数据

　　营销素养训练／徐克美,黄晓蕾主编. --2 版. --
北京:高等教育出版社,2021.8
　　ISBN 978-7-04-055540-0

　　Ⅰ.①营…　Ⅱ.①徐…②黄…　Ⅲ.①销售管理-中
等专业学校-教材　Ⅳ.①F713.3

　　中国版本图书馆 CIP 数据核字(2021)第 026006 号

策划编辑　丁孝强	责任编辑　丁孝强	封面设计　于文燕	版式设计　童　丹	
插图绘制　李沛蓉	责任校对　马鑫蕊	责任印制　存　怡		

出版发行	高等教育出版社	网　　址　http://www.hep.edu.cn
社　　址	北京市西城区德外大街4号	http://www.hep.com.cn
邮政编码	100120	网上订购　http://www.hepmall.com.cn
印　　刷	大厂益利印刷有限公司	http://www.hepmall.com
开　　本	889mm×1194mm　1/16	http://www.hepmall.cn
印　　张	12.75	版　次　2015年8月第1版
字　　数	280千字	2021年8月第2版
购书热线	010-58581118	印　次　2021年8月第1次印刷
咨询电话	400-810-0598	定　价　33.70元

本书如有缺页、倒页、脱页等质量问题,请到所购图书销售部门联系调换
版权所有　侵权必究
物　料　号　55540-00

第二版前言

随着产业升级和经济结构调整,新模式、新技术和新业态出现,现代企业对人才的要求日趋多元化和国际化。它要求人才不仅具有扎实的专业知识、精湛的职业技能,而且还需要具备良好的创新创业意识和综合职业素养。毋庸置疑,在许多情况下,营销人员的素养是塑造个人形象和企业形象的灵魂,是现代商业竞争的重要砝码。作为一名新型营销人员,需要了解基于新背景下的商务礼仪基本知识,掌握交谈的礼仪、电话礼仪、馈赠礼仪、拜会接待礼仪等内容,掌握营销语言表达的特点、表达的技巧与规律,了解思维创新的特点和途径,突破思维定式,了解自己,了解团队合作的重要性,学会与合作者建立信任,掌握一定的学习迁移、环境适应、压力管理等能力。鉴于此,我们对第一版的内容进行了必要的修订。

本书是"十二五"职业教育国家规划教材、校企合作开发教材,依据教育部《中等职业学校市场营销专业教学标准》,并参照行业标准,按照中等职业教育培养目标的要求,在第一版的基础上修订编写而成。本次修订主要更新了相应的案例资料,增补了新的知识点和技能训练内容,调整、优化了教材的内容结构和呈现形式。修订后本书具有以下特点:

(1) 将课程内容与营销岗位的职业标准紧密对接,在知识框架的设计上,以《中等职业学校市场营销专业教学标准》为依据,并充分考虑到营销工作的实际需要,将营销人员的基本素养知识融入相应主题中,为从事营销工作的人员提供了从内在到外表的礼仪规范依据。

(2) 以促进就业和适应产业发展需求为导向,以营销实践能力和素养训练为重点。本书根据学生的认知规律和行为特点,采用案例教学、实践教学等手段,以贴近岗位、贴近就业环境的教学过程设计,由浅入深、循序渐进地提高学生的综合职业素养。

(3) 立体化呈现教学资源。本书将第一版中的光盘课件资源改为学习卡教学资源,提供了配套的教学演示文稿、授课教案等教学资源,以满足不同的教学需要,实现立体化阅读。

本书安排总学时为144学时,各单元的学时分配建议参考第一版前言。

本书由徐克美、黄晓蕾担任主编,承担了本书大纲的编写、全书的统稿定稿工作,张贯虹担任副主编。黄晓蕾、芮彩凤、牟丽丽、姜梦霓、刘蓓璐、苏虹、徐腾君、金相旺和杭州蘑菇街信息技术有限公司张奕畅参与各单元的编写,张奕畅为本书提供了大量素材,并提出了很多宝贵的意见。

本书在编写过程中,得到许多单位和老师的帮助。在此特别感谢书中所引用、参考的相关资料和书籍的作者。

　　中职教材的改革和创新是一个长期而艰难的过程,由于编者水平有限,本书难免存在一些不足之处,恳请专家和读者批评指正。读者意见反馈信箱:zz_dzyj@pub.hep.cn。

编　者

2021 年 1 月

第一版前言

现代企业对人才的要求日趋多元化和国际化。它要求人才不仅具有扎实的专业知识、精湛的职业技能,而且还需要具备良好的综合职业素养。对于从事营销工作的人员来说,更是如此。作为一名营销人员,需要了解商务礼仪的基本知识,掌握交谈的礼仪、电话礼仪、馈赠礼仪、拜会接待礼仪等内容,掌握营销语言表达的特点、表达的技巧与规律,了解思维创新的特点和途径,突破思维定式,了解自己,了解团队合作的重要性,学会与合作者建立信任,掌握一定的学习迁移、环境适应、压力管理等能力。毋庸置疑,在许多情况下,营销人员的素养是塑造个人形象和企业形象的灵魂,是现代商业竞争的重要砝码。

本书是"十二五"职业教育国家规划教材,依据教育部《中等职业学校市场营销专业教学标准》,并参照营销员、营销师职业技能鉴定规范等行业标准,按照中等职业教育培养目标的要求等编写而成的。本书作为中等职业学校市场营销专业的核心课程教材,主要介绍了语言在商业销售服务工作中的重要作用和思维的创新,以及使用销售语言的技巧、基本要求、规范的重要性,在销售服务工作中应遵循的礼貌、礼节,在社交场合中的仪容、仪表修饰,以及在商务活动各场合中的礼仪规范和要求等,为从事营销工作的人员提供了从内在到外表的礼仪规范依据。其任务是通过学习,学生能够正确、深入地认识和理解市场营销专业,掌握销售工作中的操作技能和技巧树立良好的职业道德和服务意识,成为具有较高职业素质的销售人员。

本书以"必需、够用、实效"的原则构建教材体系和内容,在体例、体系、形式和内容上进行了大胆的创新,针对中职学生的培养目标而编排,突出应用能力的培养,注重了科学性、系统性和实用性的统一。

本书在体例形式和教材结构上,围绕教学内容,每一单元设计了任务设定、教学主题、回顾总结、实践探究,每个主题中设计了学习目标、案例导入、应知应会、案例点拨、素养训练等,还穿插了一些"小贴示"和"特别提醒"。通过"任务设定"栏目,学生在学习单元内容之前就能明确应知应会的理论知识和必备技能;通过"案例导入"栏目,引发学生的学习兴趣,使之产生共鸣;通过"案例点拨"栏目,对"案例导入"栏目中的问题进行解释、点拨;通过"小贴示"和"特别提醒"栏目,摘录相关小知识,开拓学生的视野;通过"素养训练"栏目,学生能够进行自我体验,检测知识的掌握情况,从而提升自身职业素养。此外,通过"回顾总结",学生能够把握本单元所设计的要点和规范,深化对本单元知识点的理解和落实,对本单元的教学内容进行评价和反思;通过"实践探索",学生的综合能力得以培养和提高。

本书安排总学时为 144 学时,各单元的学时分配建议如下表(供参考):

课 程 内 容		学 时 数			
		合计	讲授	实训	机动
单元 1	语言的魅力	18	12	6	
单元 2	销售语言	18	12	6	
单元 3	服务用语	18	12	6	
单元 4	商务形象礼仪	18	12	6	
单元 5	商务见面礼仪	18	12	6	
单元 6	商务场合礼仪	18	12	6	
单元 7	商务客户礼仪	18	12	6	
单元 8	商务危机处理	18	12	6	
机动		6			6
合计		144	96	42	6

本书由徐克美、黄晓蕾担任主编,承担了本书大纲的编写、全书的统稿定稿工作,张贯虹担任副主编。参加本书编写的人员具体分工如下:单元 1 由徐克美编写;单元 2 由张贯虹编写;单元 3 由黄晓蕾编写;单元 4 由周岚编写;单元 5 和单元 6 由林栩臻编写;单元 7 由张晓晨编写;单元 8 由厉琼编写。温州市就业训练中心杨海燕老师为本书提供了大量素材,提出了很多宝贵的修改意见。

本书配有多媒体教学课件,主要内容包括应知应会、演示文稿、参考资料等。

本书在编写过程中,得到许多单位和老师的帮助。在此特别感谢书中所引用、参考的相关资料和书籍的作者。

中职教材的改革和创新是一个长期而艰难的过程,由于编者水平有限,本书难免存在一些不足之处,恳请专家和读者批评指正。读者意见反馈信箱:zz_dzyj@ pub. hep. cn。

编　者

2015 年 5 月

目　录

语言是赐予人类表达思想的工具。

——莫里哀

单元 1　语言的魅力

 任务设定

1. 语言的作用
2. 思维的创新
3. 倾听的技巧
4. 说话的技巧

主题 1.1 语言的作用

 学习目标

我们将学习到……
◇ 语言是交际的工具
◇ 语言的功能
◇ 销售语言的特点

案例导入

潘俊是某学校市场营销专业的毕业生,良好的销售业绩使他从一名推销员升为销售主管。一天,他在超市门前推销灭蚊剂,他滔滔不绝的演讲吸引了许多群众围观。突然有人向他提出一个问题:"你敢保证这种灭蚊剂能把所有的蚊子都杀死吗?"潘俊马上机智地回答:"不敢,在你没打药的地方,蚊子照样活得很好。"这句玩笑话使围观的群众愉快地接受了他的推销宣传,几大箱的灭蚊剂很快就销售一空。

想一想

潘俊的回答有何妙处?

 应知应会

有语言,会说话,对人类而言,实在是一件了不起的、意义重大的事。语言不仅是把人和动物区别开来的重要标志,也是一个人在社会和文化中成长并成熟起来的标志。

运用语言进行认知和交往活动,是人类特有的能力。在人类的认知和交往活动中,语言是人类运用清晰的发音表达思想和感情的、不断反复地交流与沟通的有效工具。

一、语言是交际的工具

语言最重要的功能就是在人际交往活动中起桥梁作用,成为人与人之间传递信息、表达感情、交流思想的媒介。一句话,语言是人类最重要的交际工具。

语言具有狭义和广义两个概念。狭义的语言,是指有声语言,即口语,通常称之为"说话",它是由语音、语义、词汇、语法等要素构成的表情达意的结合体。广义的语言,不仅包括口语,还包括用文字记录下来的口语,即书面语,以及伴随口语而出现的体态动作,即体态语。如果说,体态语标志着人从动物中分离出来,那么,口语则标志着人与动物有了重要的、根本的区别;书面语则标志着人类脱离野蛮,从蒙昧走向了文明。

在现代社会,信息技术的发展更丰富了人们交流的渠道。语言不仅负载着历史、民族、文化的蕴涵,而且更富有时代的气息,它使信息传递更加快捷,人际交流更加多样化,成为人类文明向着更快、更高的目标前进的现实见证。

事实上,语言作为日常生活或工作中的交际工具,是指口语、书面语以及体态语在具体的社会环境、交际场合中,独立地或综合地实现交际活动的意义、价值和作用。其中,口语是交流的主要工具,书面语是辅助性工具,体态语是伴随性工具。三者各具特色,相互制约,相互影响。口语灵活、直接,诉诸人的听觉;书面语更广泛、明确,呈现于人的视觉;体态语则较含混、隐蔽,作用于人的视觉和心理。

二、人际关系靠语言维系

人际关系是指人与人、群体与群体在共同的社会生活中,通过各种传播渠道而发生和形成的相互作用、相互依赖的关系。它关注个体层次上人与人之间展开相互活动的行为方式。人际关系对个人与人类的生存而言,是十分重要的。

（一）语言的交际内涵

作为社会化的每个人都不是孤立绝缘的,总是与他人处于合作状态,这也正是人际交往的实质。所谓"合作",有三层意思:一是有共同的目标;二是相互协调与配合,即有向心力和凝聚力;三是由双方共同完成。语言让人成为交往系统的参与者、交往行为的执行者。在人际交往过程即交际活动中,除了建立人际关系,语言还维系着人际交往,并促使人际关系更紧密地发展,为人际"合作"提供重要保证。它是使"合作"得以顺利进行的纽带和桥梁。

语言的交际内涵有两层意思。从表层看,它是指语言在交际活动中的功能体现;从深层看,它是指语言在交际活动中的意义生成。

语言的交际功能是指语言在人际交往中所体现的价值和所发挥的作用。语言的价值是指它在个人或人际交往活动中所产生的积极效果。它主要包括社会价值和文化价值。

任何人都有合群需要,每个人都可以通过独自或对话的方式,彼此诉说喜怒哀乐,增进思想情感的交流,达到心理和情感上的满足与平衡,并让人与人之间产生亲密感和依恋之情,从中汲取前进的力量。交际是确定自我形象的主要途径。人总是渴望得到他人或社会的承认,在交际活动中,根据他人或社会的评价,人们会不断调节自我行为,使之符合社会群体或交往伙伴对自己的期望,树立良好的自我形象。

（二）语言的功能

1. 传递信息

21 世纪是信息时代,信息技术、材料、能源被称为现代文明的三大支柱。信息是一种在利用中不断增值的永久性资源。它可以创造价值、进行交换,是社会发展所必需的物质基础之一。现代社会中的信息已经成为一种前沿性"商品",在人们生活中占有越来越重要甚至是主导的地位;对信息的吸收、利用能力,往往反映一个国家社会文明的发展程度。

2. 交流思想

语言是思想的直接体现。在人际交往中,语言是思维的物质外壳。借助于语言这个媒介,人们可以相互传达认识、陈述见解、交换看法,或者进行独立思考、深入分析、广泛理解和综合判断。

3. 表达情感

在人际交往过程中,伴随着对信息传递内容和思想交流内容的理解,以及对对象个性特征的认识,交际双方都会产生一定的情感体验。它表现为感情共鸣和情感排斥两种状态。

三、语言是人们的思维工具

思维是一种为人类所特有的,在长期社会实践和精神活动中产生、形成的脑力活动,即通常所谓的"动脑筋"。它是人类认识现实世界的心智活动之一。

人类的心智是自我感觉的源泉——这是一种有时是独有的,有时是与人分享的感觉。心智也是一种通过想象达到日常生活的物象以外世界的途径,并且它为我们提供了把抽象世界引入五光十色的现实世界的方法。

人类心智是感觉、知觉、情感和思维的综合体。它主要包括表达能力、思维能力和应变能力。人类思维则是指形象思维,如直觉、联想、想象力等,以及逻辑思维,如记忆、理解、分析、比较、判断、推理等。与知识积累相比较而言,思维能力是判别一个人智商的更为重要的标尺。

语言是人们认知世界的有力武器。通过语言,人们不断积累经验、发展自己的认识能力。一方面用"知识"装备自己、提升自我,另一方面用"历史"证明自己、发展自我。

🔑 小贴士

进门三相

商业上有传统的"进门三相"之说,即客户进门,就得从客户的外表、神态和言行三方面进行观察,确定如何接待。"三相"即一相客户来意,二相客户身份和特征,三相客户言谈举止。这里的"相"就是观察。金牌销售人员都具有敏锐的观察能力,能借助有效的观察为客户提供个性化的服务,最大限度地让客户满意。

案例点拨

"语言是成功销售的秘诀",语言能力是一个现代人才必备的素质之一,是个人素养、能力和智慧的一种全面而综合的反映。说话不仅仅是一门学问,还是评判一个职业人员自身素质高低的标准,更是赢得事业成功的资本。好口才会带来好的运气和广阔的发展空间,特别是在今天的销售活动中,销售服务人员"说话就是服务"。"案例导入"中的潘俊以幽默的回答巧妙地回避了客户异议的矛头,从另一个角度回答了疑问,消除了客户的顾虑。从现在起就让我们共同学习、进步,为塑造我们的销售语言魅力,从而促使自己的事业取得成功共同努力吧!

素养训练

利用节假日,分别观察 2~4 名商场或超市服务员、收银员,记录其工作语言,比较分析其语言所体现的作用,填写表1-1。

表1-1 语言观察记录与特点分析

商场、超市名称	服务员、收银员的工作语言	语言所体现的作用

主题 1.2 思维的创新

学习目标

我们将学习到……

◇ 什么是思维的创新

◇ 思维创新的障碍

◇ 如何使思维得以创新

 ### 案例导入

有一家生产牙膏的公司,产品优良,包装精美,深受广大客户的喜爱,前十年每年的营业增长率为 10%~20%,不过,业绩进入第十一年、第十二年及第十三年时,则停滞下来。董事会对此感到不满,便召开全体经理级高层会议,以商讨对策。会议中,有一名年轻经理建议将现有的牙膏开口扩大 1 mm。总裁马上采纳了他的建议并要求立即更换新包装。这个决定使该公司第十四年的营业额增加了 32%。

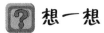 **想一想**

这位经理为何建议将现有的牙膏开口扩大 1 mm?

 应知应会

在当今社会发展瞬息万变的态势下,企业所面临的市场竞争空前激烈,唯有思维创新,才能不断满足客户日益发展的需求,做到以变应变。

一、思维创新的内涵

思维是人类大脑特有的本质性活动。人类与动物最根本的区别就在于人有思维,而动物没有思维。荀子说:"水火有气而无生,草木有生而无知,禽兽有生有知亦有义,故最为天下贵也。"荀子所讲的"义"就是思维。思维的创新是指不受现成、常规的思路所约束,寻求对问题的全新、独特性的解答方法的思维过程。例如,苹果公司是一个以奇特、另类为核心理念的创新型企业,力图让每一项产品都符合消费者心目中的苹果文化印记。因为要求苛刻,以至于苹果公司每年只能开发出一两款产品,但几乎每款产品都能受到消费者的欢迎。原动力来自企业管理和技术人员的思维创新。

二、思维创新的障碍

思维创新时,应克服以下障碍:

（一）思维定式

思维定式是影响创新思维的最大障碍。所谓思维定式,就是人们大脑中固有的习惯性的思维模式,是一种旧有的认知框架和"系统",就是俗话说的"老套套"。从大脑的生理过程讲,思维定式可以简化思维方式,但同时也阻碍了思维的创新发展。思维一旦进入定式（"死角"）,这个人的智力就会在常人之下,创新思维就不可能展现出来。有一种鱼叫作狗鱼,狗鱼很富有攻击性,喜欢攻击一些小鱼。有人做了这样一个实验:把狗鱼和小鱼放在同一个玻璃缸里,在两者中间隔上一层透明玻璃。狗鱼一开始就试图攻击小鱼,但是每次都撞在玻璃上。慢慢地,它放弃了攻击。后来,实验人员拿走了中间的玻璃,这时狗鱼仍没有出现攻击小鱼的行为——这个现象被叫作狗鱼综合征。狗鱼综合征的特点是:对差别视而不见;自以为无所不知;滥用经验;墨守成规;拒绝考虑其他的可能性;缺乏在压力下采取行动的能力。思维定式一旦形成,是很悲哀的。

（二）思维惯性

所谓思维惯性,就是思维沿着前一思考路径以线性方式继续延伸,并暂时地封闭了其他的思考方向。世界著名的科普作家阿西莫夫年轻时遇到这么一件事,一位汽车修理工给他出题:"有一位聋哑人,想买几枚钉子,就来到五金商店,对售货员做了这样一个手势:左手食指立在柜台上,右手握拳作出敲击的样子。售货员明白了,他想买的是钉子。接着进来一位盲人。这位盲人想要一把剪刀,请问,盲人将会怎么做?"阿西莫夫顺口答道:"盲人肯定会这样——"他伸出食指和中指,作出剪刀的形状。听了阿西莫夫的回答,汽车修理工开心地笑起来:"哈哈,答错了吧!盲人想买剪刀,只需要开口说'我买剪刀'就行了,他干吗要做手势啊?"阿西莫夫只得承认自己回答得很愚蠢。

 特别提醒

　　有些销售人员仅靠以前的经验或干脆用主观臆想来判断客户的需求。"某某客户肯定无法接受我公司目前的报价""他们对我公司的产品不会有兴趣"等。销售人员脑海深处的惯性思维,是销售的大敌。

（三）思维惰性

思维惰性是指人类思维深处存在的一种保守力量,人们总是习惯用老眼光来看待新问题,用曾经被反复证明有效的旧概念去解释变化的新现象。不去尝试,不敢冒险,因循守旧,大好的时机和自身无限的潜能被白白地葬送。挫折和失败的悲剧肯定不可避免。例如,观看魔术表演,不是魔术师有什么特别高明之处,而是大家思维过于因袭习惯之势,所以上当了。例如,人从扎紧的布袋里奇迹般地出来了,人们总习惯于琢磨他怎么能从扎紧的布袋里钻出来,而不会去思考魔术师是否在布袋下面做了文章,如在下面装拉链。

三、思维创新的培养

培养思维创新,应从以下几方面做起:

（一）良好心态

创新要有良好的心态。这个良好的心态就是积极向上的心态。一个鞋业公司老板派两名推销员到一个偏僻的岛上进行产品市场调查。他们到目的地后发现,岛上的居民没有人穿鞋子。于是,一名推销员便非常沮丧地回到公司汇报:肯定一双鞋子也卖不出去,因为岛上的人根本不穿鞋子,没有必要白费工夫。而另一名推销员却兴奋地表示,因为岛上的人都没有穿鞋子的习惯,肯定大有市场。第一名推销员很现实,也很积极,看到了现状就得出卖不出去的结论,缺乏开拓精神和创新意识,显然不具备优秀推销员的潜质;而第二名推销员持积极乐观的心态却发现了新市场(商机)。

 小贴士

积极心态的特征

（1）面临难题，认真思考，作出自己的选择；而不是不动脑筋，安于现状。

（2）遇到挑战，从实际出发，求变创新；而不是浑浑噩噩，回避矛盾。

（3）选取目标，计划事情，具体而明确；而不是笼而统之，模糊不清。

（4）正视现实，负起责任，不管是愉快还是痛苦；而不是否认、逃避现实。

（5）尊重事物规律，考虑客观可能；而不是拒绝真理，只凭主观愿望办事。

（6）独立自主，积极行动；而不是依赖别人，消极等待情况变化。

（7）敢于冒险，不怕失败；而不是躲避风险，贪图安逸。

（8）坚信自己的价值和能力，坚持靠自己；而不是自我贬低，就怕别人看不起。

（二）交流信息

通过交流信息可产生创新的思想火花。假如你有一个苹果，我有一个梨子，我把我的梨子给你，你把你的苹果给我，互相交换了一下，最后是什么？数量没有增加，却发生质的变化。你的苹果变成我的梨子，我的梨子变成你的苹果。但是，你有一个思想，我也有一个思想，互相交换一下思想，情况就不同了。你的思想给我，而你原来的思想还在；我把我的思想给你，连同你原有一个思想，变成了两个思想。同样地，你给了我一个思想，我原来的思想也还在，我也有两个思想了。在两个思想碰撞过程中，要是能碰出新的思想火花，就会有三个思想、四个思想、五个思想……这就是创造力。所以人们需要交流，通过交流，思维才能创新，创造力才能挖掘出来。

（三）沟通合作

很多时候，我们都会听到商家在说同行是冤家，由此看来，同行之间的竞争还是非常激烈的。然而在共享经济时代，企业之间光靠单打独斗已经不行了，合作共赢成为未来发展的趋势。用户需求是企业价值的来源，把握好用户需求是硬道理。因此，企业要不断挖掘用户的潜在需求，然而任何一款产品都不可能满足用户的所有需求，企业之间加强合作是重要的，选择合作共赢才会有更大的发展空间。因此企业要打破传统的商业思维，学会创新，这样才能在市场中占有一席之地。销售人员推销产品时要懂得沟通合作，发挥团队优势和群体优势，使各方的创新思维和创造力升华，并在合作中升华。正常的竞争可以促进发展，让大家更努力创新，团队更有斗志。

（四）持续学习

要使思维得以创新，很重要的途径是不断学习，通过学习使行为产生改变。

 小贴士

真正的学习

规范意义上的学习应该包含以下含义：

（1）学习包含着变化。

（2）这种变化应该是相对持久的。

（3）只有个人或企业的行为出现了变化，学习的过程才算完成。

（4）学习的过程中包含某种类型的经验，既有直接的经验，也有间接的经验。

（5）通过学习，用获得的知识和经验改变自己的行为，从而使企业和个人获得提升。

对于销售人员来讲，学习主要体现在以下几个方面：

1. 向市场学习

当前市场形势瞬息万变，国内市场和国际市场又互相影响、互相牵制，销售人员如果不善于从市场变化中捕捉新的信息，寻找新的商机，那就会使企业逐渐被市场所淘汰，最后在市场竞争中落败。

2. 向客户学习

企业的产品最终要获得市场和客户的认可。客户的需求如何，有什么变化趋势，他们在进行消费时的心理活动如何，这些都是销售人员应该经常了解和掌握的，只有这样，才能把准客户的脉搏，最终使他们心甘情愿地掏钱购买。例如，数年以前海尔公司推出"小小神童"洗衣机，就是在充分听取客户意见的基础上，开发出的适销对路的新产品，在当时竞争激烈的家电市场中，创造出了销售奇迹。

3. 向竞争对手学习

在激烈的市场竞争中，每个企业都有自己的竞争对手，相互竞争的企业为了赢得优势，都在想尽办法，使出浑身解数来占领更大的市场份额。因此每一个销售人员，必须充分了解竞争对手的信息，高度关注竞争对手所推出的新产品和新的营销手段，认真研究其中有哪些经验值得借鉴，从而及时调整自己的营销策略，使自己的企业在竞争中获得优势。如两大可乐公司互为竞争对手，无不时刻关注对方的一举一动，从而改进自己的经营策略，在竞争中提升自己。

 案例点拨

为了提高销售量，一般都是通过投入大量资金做广告或者搞促销活动的做法来实现的，这

样做既劳神费力又费钱。而"案例导入"中的这位年轻经理跳出惯性思维来提出经营策略;通过扩大牙膏开口不知不觉中增大客户对牙膏的用量,从而间接地达到代价更小、效率更高地提高营业额的目的。

 素养训练

张某在公路边开了一家饭店,但开业以后一直不景气。眼看着来往车辆疾驰而去,却很少有人光顾饭店,他非常苦恼,为什么自己的饭店物美价廉,却不能招徕客户呢? 你能用创新思维方法给张某建言献策,从而使饭店生意兴隆吗?

主题1.3　倾听的技巧

学习目标

我们将学习到……

◇ 为何要倾听

◇ 如何去倾听

案例导入

何铭毕业后,从超市的一名销售员做起,通过十年勤奋工作,现经营一家大型连锁超市,在国内多个省市有20多家分店。已经是总经理的他仍然每天坚持从凌晨4点半就开始工作,偶尔还会在某个清晨检查一处货物配送中心,与员工一起吃早点。他惯于自己开着车,从一家门店跑到另一家门店,每周至少有 4 天花在这类视察上,有时甚至多达每周 6 天。他经常会跑到自己的超市里,专门去听客户的诸多抱怨,并逐一记录下来,然后用行动消除掉这些不满。

 **想一想**

何铭为什么会到自己的超市里听客户的抱怨?

 应知应会

一、为何要倾听

销售语言尽管非常重要,但是若失去了对客户耐心的倾听,所有语言技巧都无法帮助销售获得成功。因为倾听可以传达出对客户的尊重,倾听可以真正了解客户的真实需要,倾听可以决定自己该怎么说、怎样引导客户。正如美妙动听的乐曲,必须有恰到好处的停顿,倾听就像停顿,可以达到"此时无声胜有声"的最佳效果。所以,倾听是最好的销售方法之一。日本推销大师原一平说:"对推销而言,善听比善辩更重要。"销售人员通过倾听还能够获得客户更多的认同,从而赢得客户的信赖。

罗马时代的诗人塞卢斯说:"我们只对那些对我们有兴趣的人感兴趣。"这是对社会交往、沟通交流和销售服务的真实写照。试想,当我们讲话时,某人的回答与话题无关,或者不停地打断我们的讲话,我们会是怎样的一种感受? 再仔细想一想,最好的朋友或同事常常是那些能听我们讲话的人。这是因为他们能"听",能把他们的注意力给予我们,让我们感到自己受到了重视和尊重,我们才喜爱他们。销售工作同样如此,要想留住客户,让客户倾听我们的产品介绍,首先必须学会倾听客户的语言。

 **小贴士**

倾听与听的区别

"听"仅仅是一种感受声波的本能,而"倾听"是一种有选择地接受声波、译释声波,并在"听"的过程中形成自己见解的行为。倾听包括两个方面:一是留心自己的说话,二是留心对方的说话。在自己开口讲话时,若能分出部分注意力来,留心自己的声音,就可以时时清醒地有个"自知之明":"我清楚地表达自己的意思了吗?""我的发音清晰吗?""我运用敬语了吗?""我的语速平稳吗?"这些看似属于小问题,但若不加以注意,往往会使销售人员的说话效果大为降低。

二、如何去倾听

销售人员要掌握哪些倾听技巧呢？通常应把握住以下几方面：

（一）站在客户的立场上去倾听

站在客户的立场专注地倾听客户的需求、目标，适时地向客户确认你所了解的是不是正是他想表达的意思，这种诚挚专注的态度能激起客户讲出他更多内心的想法。

（二）让客户把话说完，抓住重点

销售人员是为客户满足需求的，是给客户带来利益的。只有让客户充分表达他的状况以后，销售人员才能正确地满足他的需求，就如医生要听病人述说自己的病情后，才开始诊断。随意打断客户说话会打击客户说话的积极性，如果客户当时的情绪不佳，而销售人员又打断了他的说话，那无疑是火上浇油。

能清楚地听出对方谈话的重点，也是一种能力。因为并不是所有人都能清楚地表达自己的想法，特别是在不满、受情绪影响的时候，经常会有类似于"语无伦次"的情况出现。而且，除了排除外界的干扰，专心致志地倾听以外，销售人员还要排除对方的说话方式所造成的干扰，不要只把注意力放在说话人的咬舌、口吃、地方口音、语法错误或"嗯""啊"等习惯用语上面。

 特别提醒

在客户说话热情高涨时，销售人员可以给予必要、简单的回应，如"噢""对""是吗""好的"等。除此之外，销售人员最好不要随意插话或接话，更不要不顾对方喜好另起话题。

（三）坚持客观的态度和拥有开阔的胸怀

不要心存偏见，只听自己想听的或是以自己的价值观判断客户的想法，这一点非常关键。

当客户所说的事情对销售人员的业务可能造成不利时，销售人员听到后不要立刻驳斥，可先请客户针对事情作更详细的解释。如客户说"你们企业的理赔经常不干脆"，销售人员可请客户更详细地说明是什么事情让他有这种想法，若客户只是听说，无法解释得很清楚时，也许在说明的过程中，自己也会感觉出自己的看法并不是很正确；若是客户的证据属实，销售人员可先向客户致歉，并向他说明此事的原委。

 特别提醒

在还没有听完客户的想法前，不要和客户讨论或争辩一些细节的问题，只要态度谦逊、满怀感激地倾听即可。在一个耐心的倾听者面前，客户再大的不满都会化为乌有。

（四）掌握客户真正的想法

客户有客户的立场,他也许不会把真实想法说出来,他也许会用借口或不实的理由来搪塞,或为了达到别的目的而声东击西,或别有隐情,不便言明。因此,销售人员必须尽可能地掌握客户真正的想法。

 小贴士

听客户说话时的"自问"

掌握客户内心真正的想法,不是一件容易的事情。最好在听客户说话时,自问下列问题:

（1）客户说的是什么? 它代表什么意思?

（2）客户说的是一件事实,还是一个意见?

（3）客户为什么要这样说?

（4）客户说的我能相信吗?

（5）客户这样说的目的是什么?

（6）从客户的说话中,我能知道他的需求是什么吗?

（7）从客户的说话中,我能知道他希望的购买条件吗?

（五）适时鼓励、引导客户

销售人员可以采用提问、赞同、简短评论、复述对方话头、表示同意等方法引导客户说下去。例如:"您的看法呢? 再详细谈谈好吗?""我很理解""想象得出""好像您不满意他的做法?"等。总之,销售人员要尽量采取这种积极引导的方式,让客户说下去。

（六）了解倾听的礼仪

在倾听过程中,礼仪也是一种技巧。销售人员要尽可能地保持一定的礼仪,这样既显得自己有涵养、有素质,又表达了对客户的尊重。通常在倾听过程中需要讲究的礼仪如下:保持视线接触,不东张西望;身体前倾,表情自然;耐心聆听客户把话讲完;真正做到全神贯注,不要只做样子、心思分散;表示对客户意见感兴趣;重点问题用笔记录下来;插话时先请求客户允许,使用礼貌用语。

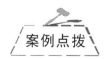 案例点拨

客户的抱怨往往反映了工作与客户需求之间的差距,它是分析市场的一种重要信息,是当今成熟的竞争环境中制胜的重要课题。根据统计,一个不满的客户的背后有这么一组

数据:

(1) 一个投诉的客户背后有25个不满的客户。

(2) 24人不满但并不投诉。

(3) 6人有严重意见但未发出抱怨声。

(4) 投诉者比不投诉者更有意愿继续与公司保持关系。

(5) 投诉者的问题得到解决,会有60%的投诉者愿与公司保持关系,如果迅速得到解决,会有90%~95%的客户愿与公司保持关系。

所以,肯来投诉的客户是财富和宝藏,要珍惜他们,而倾听是缓解冲突的润滑剂。何铭正是通过倾听员工、倾听客户、倾听各个门店的诉求,来了解超市的运营情况的。

素养训练

为了清楚你的倾听能力,请做下面的测试(针对每个问题回答"是"或"否"):

(1) 朋友们心里有事,通常把我当成共鸣箱。

(2) 我愿意倾听他人的烦恼。

(3) 在社交聚会上,我从一个谈话圈子转到另一个谈话圈子,经常感到还会有更好的谈话对象。

(4) 对方不能很快明白我的意思,我就会不耐烦。

(5) 我喜欢接过别人正说的笑话或故事。

(6) 别人跟我说话时,我总在想下句该说什么。

(7) 大多数人说话很乏味。

(8) 我通常比与我谈话的人说得多。

(9) 别人和我说话时,要重复一两次。

(10) 我喜欢说,胜过倾听。

得分:回答与下列答案相符的,每题得1分,然后计算总分。

(1)是(2)是(3)否(4)否(5)否(6)否(7)否(8)否(9)否(10)否

得分在8分及以上:你的倾听能力高于平均值。朋友们有困难需要找人商量时最有可能找你,你很可能在社交聚会上大受欢迎。

得分在5~7分:你的倾听技巧一般。你同大多数人一样,有时你认真倾听,有时你可能心不在焉。记住,你改进的空间还很大。

得分在0~4分:坦率地说,你不是一个好的倾听者。你拒绝的次数比倾听的次数多。

主题 1.4　说话的技巧

 学习目标

我们将学习到……
◇ 提升说话的技巧
◇ 销售语言的忌讳

 案例导入

有一位客户到水果店里买李子,问店员"这李子酸不酸",店员态度和蔼地解释道:"李子毕竟是李子,总不能像糖那样甜吧?"结果店员的话音一落,客户放下手中的李子就准备走。就在这时,店长忙插话说:"李子是甜的,要不您先尝一个,满意了再买,不满意就不买,没关系的。"客户听后非常高兴,品尝后,一下子就买了 5 千克,一笔生意就这样挽回了。

?　想一想

店员的话和店长的话为什么会产生如此大的差别?

 应知应会

一、提升说话的技巧

所谓口才,就是说话的才能。它是一个人表现自我、影响他人的言语本领,是与人交往、事业有成所应具备的语言知识与能力方面的修养,是一种体现个性、气质、思想方式、处事态度的综合性素质。销售人员应当快速、准确地捕捉到客户的心理需求与愿望,并设法给予满足。要想让产品介绍富有诱惑力,激发客户的购买欲望和影响客户的购买决策,可以尝试从以下几个方面提升自己的说话技巧。

（一）舒心的问候

提升说话技巧首先从问候开始,让客户感受优质服务。在服务行业中,问候语是使用频率最高、使用范围最广泛的一种语言。即使有些人只是路过,或者陪同他人,舒心的问候语也会给他们留下美好的印象,创造出舒适、愉悦的氛围,使这些人成为潜在客户。当销售人员每次面带微笑,对客户用柔和、悦耳的声音说"您好"的时候,不要觉得这很简单,这也是需要练习的。

1. 主动问候

在对客户进行服务的时候,一定要争取主动。在美国,有一个"20+1"的服务理论,指的是

当客户离你20步远的时候就要用眼神开始招呼客户,当客户离你有1米远的时候一定要面带微笑,轻声问好。这个动作虽简单,却能反映出销售人员对客户的尊重。

2. 轻声问候

一个动听的声音应该是饱满的,充满了活力,能够调动他人的感情。声音还可以反映出人的心态。音质清澈、语调抑扬顿挫的声音,可以放射出独特的魅力,提高交流效果。心理学家研究发现,人与人之间的交流58%通过视觉实现,35%通过听觉实现,只有7%是通过语言实现。35%的听觉交流是通过副语言(包括音质、音频、语调、语气、停顿等)来实现的。客户可以通过对声音的印象判断销售人员的专业化程度、服务态度等。轻柔的声音,让人感觉到有亲和力;沉稳的声音,让人感觉到信任、安全。

3. 入乡随俗

讲话也要强调入乡随俗,如北方多称"大哥""大姐",广东多在男女前加"靓"字。如果大家都比较习惯称呼"张姐""王哥",就不要独树一帜地称呼"张女士"或"王先生"了。另外,一些外企工作人员习惯直呼英文名。要记住,称呼并不代表工作能力和关系亲疏,要时刻记住自己的身份。不要标新立异地使用一些称呼,从众是最安全、稳妥的做法。

 小贴士

问候切记形神兼备

问候的时候要注视对方的眼睛,明确而又坦诚地表达对对方的欢迎,同时这也是一种尊重。微笑、点头和致意,这样的问候才能起到传情达意的效果。生硬而单纯的口头表达,有时就是一种蹩脚的演出,反而会给对方造成不受尊重、被敷衍的感觉,因此不要让"问候"给自己的形象大打折扣。

(二)交谈的技巧

销售语言的应用主要以交谈的形式展开,可以尝试采用以下几个交谈技巧:

1. 婉言避冲突

所谓"婉言",是一种不直接说出本意,以委婉或含蓄的言辞巧妙加以烘托或暗示,让人琢磨"言外之意"的表达技巧。它能有效地避免发生直接的矛盾冲突,让人摆脱尴尬、窘迫的局面,并且温和得体地处理交际关系,曲折隐蔽地传递说话意图;同时以柔克刚,让自己保持主动而又不失风度。"婉言"是一种体现个人语言修养和文明程度的口才艺术。

委婉语的合理运用能显示销售人员为人处世的态度,即谦敬有节,礼貌有加;能让人产生"心领神会"的奇效,因为含蓄和得体比口若悬河更可贵,也更能让客户接受。

2. 同义词语替代

　　在社交活动和销售活动中,和谐的人际关系建立在礼貌的言谈、亲切的态度和端庄的举止等基础上。因此,因人、事、场合等的不同,同样的意思就需要用不同的词汇来表达。例如,对女性客户来说,身材是个很敏感的话题,服装销售人员特别要注意用词。对偏瘦的女士,可以用"苗条"来形容。

　　同义词语的替代是指从词汇意义的轻重、感情色彩的褒贬和语体色彩的俗雅等方面进行慎重斟酌、选择和使用同义词,不仅让自己的说话要"达意",还要让客户听了"悦心"。

　　3. 修辞手法运用

　　修辞手法中的比喻、双关、谐音等,使说话者或语言风趣,活跃交往气氛;或意义转换,避免人际争论;或音存义变,化解交际尴尬。例如,客户用餐时不慎将餐具打破,可以说"岁岁(碎碎)平安",筷子掉在地上,可以说"快乐"(筷落)等。这种即景式的言语修辞,需要高超的语言功夫、机敏的反应能力和深厚的知识经验作为"背景",厚积薄发,得于心而应于口。

　　4. 用幽默来打动客户

　　每一个人都喜欢和幽默风趣的人打交道,而不愿和一个死气沉沉的人待在一起,一个幽默的销售人员更容易得到大家的认可。

　　如果说,委婉代表一个人的言语才能,那么,幽默则意味着一个人的语言智慧。幽默是人的智慧之花,具有幽默感的人在言语表达上能够使人产生"心花怒放"的效果。幽默话语本身就是一种极具艺术性的广告语,用得好,会给客户留下深刻的印象。让客户由一句笑话联想到某一品牌,是一种很好的促销方式。

 小贴士

10 条有用的说话技巧

　　(1) 急事,慢慢地说。

　　(2) 小事,幽默地说。

　　(3) 没把握的事,谨慎地说。

　　(4) 没发生的事,不要胡说。

　　(5) 做不到的事,别乱说。

　　(6) 伤害人的事,不能说。

　　(7) 伤心的事,不要见人就说。

　　(8) 别人的事,小心地说。

　　(9) 自己的事,听别人怎么说。

　　(10) 尊长的事,多听少说。

（三）赞美语的艺术

和谐的人际关系形成于氛围的融洽与轻松、情感的愉悦、心理的满足、表达行为的协调中。而恰当地赞美他人，是实现人际和谐的有效途径。赞美他人的技巧可因人而异、因时而异，可以直接赞美，也可以间接称道，还可以侧面渲染、烘托。在销售活动中，主要有以下几种赞美方法：

1. 赞美对方最看重的地方

每个人都各有所好，各有所长。应抓住对方最重视、最引以为豪的东西（如服饰、性格优点、长处、优势等），将其放到明显的位置，有的放矢地加以赞美，最大限度地满足对方的心理需求。

"投其所好"是抓住对方兴趣与注意的有效赞美方式，只要不违背常理，则有利于话题的展开与深入。注意细节，突出赞美对方用意或"闪光点"。一个人的细节修饰往往意味着他的用心良苦。其实，这个人之所以在细节上花费时间、心血和投入精力，既表明他对此的重视和偏爱，也表明他为此付出的努力和获得应有肯定的渴望。

在销售活动中，销售人员应善于观察并发现客户外表细节的闪光点。例如，客户的发型、佩戴的饰品、挎包等，都可以作为赞美的话题。"于无事处见用心"，给予客户以强调性的赞美和感谢，回报对方的努力与尽心。"投桃报李"，不仅能使客户产生巨大的心理满足，而且能使销售氛围更加融洽、自然。

2. 用事实或借助他人之口给予赞美

在赞美客户的过程中，为了避免阿谀吹捧之嫌，可以采取"用事实说话"、借权威评价代言等方式，增强赞美的感染力和说服力。具体而言，或从实际生活中提取事例，证明对方的优异表现以及行为的意义和影响，将赞美之情寓于朴实生动的事实之中；或引用权威人士以及他人的言论来评价对方，间接地满足对方的自豪感、荣誉感和自信心，给予鼓舞欣慰的感觉。例如，赞美客户的饰品，可以列举某知名人士也佩戴相同的款式，以此证明客户有眼光、有品位。总之，真诚的赞美，让自己开心，也让客户开心。

 特别提醒

赞美客户是一种艺术性表达行为，应注意以下几点：

（1）态度要真诚，不可虚情假意，以免对方认为你言不由衷或勉强应付，从而产生怀疑和排斥心理。

（2）言谈举止要得体，不可信口开河或指手画脚，以免对方认为你夸夸其谈或别有用心，从而产生抗拒或逆反心理。

（3）内容要适度，不可堆砌辞藻或词不达意，以免对方认为你有意奉承或故意讽刺，从而产生厌烦和不快心理。

二、销售语言的忌讳

销售人员与客户交流时,要注意管好自己的口,用好自己的嘴,要知道什么话应该说,什么话不应该说。若不懂得顾忌,就会造成销售失败。

一般地,在人际交谈时不要涉及疾病、死亡等事情,不谈一些荒诞、离奇、耸人听闻、黄色淫秽的事情。如果客户为女性,一般不要询问她们的年龄、婚姻状况,不径直询问对方的履历、工资收入、家庭财产、衣饰价格等私人生活方面的问题。最好不要说对方长得胖、身体壮、保养得好之类的话。若问到引起对方比较反感的问题应表达歉意。具体来说,销售语言要做到以下几点:

(一) 要热情,忌冷淡

与客户谈话时,态度一定要热情,语言一定要真诚,言谈举止都要流露出真情实感,要热情奔放、情真意切。"感人心者,莫先乎情",这种"情"是销售人员的真情实感,只有用自己的真情,才能换来对方的感情共鸣。在谈话中,冷淡必然带来冷场,冷场必定带来业务泡汤。

(二) 多尊重,忌批评

销售人员面对的客户成千上万、千差万别,又分属于各个阶层、各个方面的群体,他们的知识和见解都不尽相同。销售人员在与其沟通时,如果发现他们在认识上有不妥的地方,不要直截了当地指出,也不要当面批评和教育,更不要大声地指责。人最忌讳在众人面前丢脸、难堪。销售人员一定要根据交谈的对象,做到言之有物,因人施语,把握谈话的技巧、沟通的艺术,进行委婉忠告。

 小贴士

说赢客户,得不偿失

(1) 客户的"面子"永远是"最重要"的!

(2) 说赢客户不等于你有好口才。

(3) 销售不是与客户辩论,不是说赢客户。客户如果说不过你,他可以用不买你的东西来赢你,最后输的还是你。

(三) 多互动,忌唱独角戏

销售人员切忌"唱独角戏",不给客户说话的机会。

如果销售人员有强烈的表现欲,一开口就滔滔不绝、喋喋不休、口若悬河,只顾自己酣畅淋漓、一吐为快,全然不顾客户的反应,结果只能让客户反感、厌恶。说得越多,客户越反感。切记不要独占任何一次讲话。应当明白,销售人员与客户讲话,就是与客户交流思想的过程。这

种交流是双向的,不但销售人员自己要说,同时更要鼓励客户多说,通过客户说话可以了解客户的基本情况和真实需求。

（四）多通俗,忌专业

在向客户介绍产品时,过多地使用专有名词和技术术语,只能使客户不明就里,不知所云。专业行话或术语并不是不可以讲,但是如果对只想知道使用功能的普通客户卖弄,就有点儿为难客户了。所以,在推销产品时,尽量不要用专业术语,因为每种产品都有其特殊性。例如,销售人员可以给客户介绍网站建设,而面对一个企业的领导,你对他说什么流量、编程、C 语言等专业术语,都是不可取的。

（五）多交流,忌贬低竞争对手

在向客户推介产品时,一些销售人员往往会用带有一定贬义的主观感情色彩的语言评价竞争对手。但是,贬低竞争对手真的就可以抬高自己,让客户与你成交吗? 实践告诉我们,这种想法最好不要产生,因为那是非常愚蠢的。这样的语言只能引起客户的反感,更显示出销售人员的素质、人品有问题,"言为心声",说的就是这个道理。大多数人都不喜欢与在背后说别人坏话的人相处。

案例点拨

销售人员通过和客户交流来宣传自己的公司,销售自己的产品,在开口说话前就要想好怎样说才能产生好的效果。绝不要像"案例导入"中的店员对客户那样,毫无目的地乱开口,只要一开口,就要影响客户的思维和行为。一名出色的销售人员,应当像"案例导入"中的店长那样,懂得如何把语言的艺术融入商品销售中。培养自己的语言魅力,有了语言魅力,就有了成功的可能。

素养训练

一位年轻女士想买支口红,来到一个化妆品专柜前。可是她想要的颜色已经卖完了。销售人员规劝她选择别的颜色,但是这位女士固执己见,正要离开。这时,经理过来说:"……"这位女士改变了主意,欣然买下了一支粉红色的口红。请你扮演这位经理,和这位年轻女士(另一位同学扮演)对话。

回 顾 总 结

本单元重点介绍了语言的魅力,语言是销售成功的基础,是人们思维的工具,强调思维的创新在当今销售中的重要作用,并总结了销售中说话、倾听的技巧。

拓 展 训 练

好口才会给你带来好的运气和广阔的发展空间,特别是在如今的销售活动中,销售人员"说话就是服务",收集列举常见的销售语言典范,并对照自己目前所具备的条件,寻找自己的差距。

常见的销售语言典范	自身表现及差距

口者，心之门户，智谋皆从之出。

——战国·鬼谷子

单元 2 　销售语言

 任务设定

1. 销售语言的特点与原则
2. 销售前的语言技巧
3. 销售中的语言技巧
4. 销售后的语言技巧

主题 2.1　销售语言的特点与原则

 学习目标

我们将学习到……
◇ 如何把握自己的销售语言
◇ 如何积极地面对客户

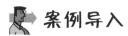 **案例导入**

李明从学校毕业后在文具店当导购。一天,一位妈妈带着孩子前来购买练习书法的纸,找了半天没有找到合适的。这位妈妈前去询问,李明很抱歉地说:"对不起,您刚才说的那种练习纸已经卖完了。"妈妈和孩子听完很失落,正准备离开。李明想了想,赶紧上前又补上一句说:"有上等的砂纸您要不要?"

？想一想

上述案例中李明的语言合适吗?

 应知应会

销售是语言的艺术。过人的销售技巧其实就是过人的语言艺术,它不仅要有洞悉人心的敏锐,也要有动摇客户心旌的表达能力。成功的销售人员,往往能口吐莲花,他们的语言就像一双柔软的手,能抚摸客户心灵最柔软的地方。毋庸置疑,每一件产品的销售,不仅需要产品本身品质作为基础,更需要有注入人心的语言艺术来开疆拓土!

一、销售语言的特点

销售活动的实质是销售人员说服或诱导潜在客户接受其观点,购买其产品和服务的过程。所以,推销的艺术即说服的艺术,说服靠生动的语言表达,语言是销售人员与客户沟通的重要手段。销售语言特定的使用情境、使用对象,决定了它除具有一般的语言特点之外,还具有以下特点:

（一）目的性

从同消费者打交道开始,其目的性就是宣传、推销商品。在开口说话前,其思维就有活动,如怎样说,产生什么效果,自己将怎样应付等。绝不会毫无目的地乱开口,即使是信口雌黄,也是有目的的。只要一开口,就要影响消费者的思维和行为,就会产生社会效果。即使别人并未听清或听懂,这种影响也是客观存在的。

（二）真实性

真实性一方面指的是语言内容的真实、确切,介绍商品的实事求是;另一方面指的是感情真挚,满腔热情地接待每一位客户。

 特别提醒

在一定条件下,销售人员可以运用语言夸张地表达其对某商品的感受,但不能胡编乱造,不能欺骗、愚弄公众。真实是商业取信于民、取信于社会的基本前提。

（三）时代性

作为思维和交流工具的语言,在商品销售中的运用是最富有时代性的。社会的政治、经济、文化的发展变化,都可以通过销售语言集中地反映出来。陈旧过时的语言被淘汰,新的语言逐渐产生并传播出来。

（四）艺术性

销售语言的艺术性表现在接待客户、介绍商品、业务洽谈等具体的销售活动中,尤其集中地体现在经营者与消费者的交往中。如果说话缺乏艺术性,无所忌讳,就会自讨没趣,不但得罪了客户,也丢了成功推销商品的机会。

（五）应变性

口语交流信息,比书面语更迅捷、方便、具体、经济,应用更广泛,使用频率更高。它可随见随说、随想随说。作为口语的运用形式之一的销售语言的表达,除一些固定场合可有腹稿外,一般不可能像写文章那样在表达之前反复构思。这就决定了表达者在现场的每一分钟都易受到外界的影响。

不同的消费者,不同的消费情景,不同的心理需求,对销售者语言的要求也不尽相同。这就需要销售者的语言要适应不同的场合、不同的客户。客户的年龄、性别、文化、情趣、性格、经历各不相同,销售者所使用的语言就应各不相同。例如,对老年、少年儿童客户,要用耐心细致的语言;对青年客户,多用富于时代性、干脆的语言等。

二、销售语言的原则

（一）关注客户需求

作为销售人员,在向客户施展各种推销技巧时,目标通常很明确,即说服客户购买你的产品。但是对于客户来说,他们此刻的心理却并非如此"单纯":一方面,希望自己的某些需求被关注并最终得到满足;另一方面,出于种种顾虑和猜疑,他们又对销售人员的推销活动躲躲闪闪。客户在心理上的严密防守其实正反映出了他们期望得到关注的需要。

客户在与销售人员交流的过程中,虽然有着某种相互矛盾的复杂心理,但是产生这种矛盾心理的最终根源还是他们的不安全感。客户的这种不安全感使得他们从内心深处更加渴望得到销售人员的关注。一个优秀的销售高手就会理解客户的这一需求,因此他们会力求在每一次的客户沟通过程中都主动给予客户足够的关注。

 小贴士

客户感到不被关注的几种情况

——销售人员只顾自己说话,或者当客户提出某一异议时急于反驳,使用"我不能""我不会""我不愿意""我不可以""这不是我应该做的""我不负责这个"等负面语言拒绝客户。

——当把自己表达的主要问题抢先说完后,就表现得无所事事,不主动询问客户的意见。

——当客户说话时,销售人员心不在焉,无法聚精会神地认真倾听。

——忽略客户表达的重要意见。

——说话时观点比较主观,看问题的角度明显不全面。

(二)友善真诚地帮助客户

任何一位不愿意失去成交机会的销售人员都会努力营造彼此友善相处的良好沟通氛围。销售人员与潜在客户进行第一次沟通的时候,就应该着手建立一种彼此和睦相处的友善关系,并且在今后的各个沟通阶段逐渐加深这种关系。

客户在面对销售人员时可能充满了警惕和防范,因为他们害怕一不小心就进入销售人员精心设计的"圈套"。客户如此小心翼翼的根源,就在于某些销售人员根本就不真诚对待客户,更不会积极关注客户的具体需求。为了达到自己的销售目标,他们可谓动足了脑筋,可是结果却常常是仅实现了短期的销售目标,但是往往会在最后关头走投无路。

扭转这种局面的唯一方法就是用自己的真诚去关心客户,诚心诚意地帮助客户解决问题。只有这样,客户原来对销售人员的误解和疑虑才能消除,以后的沟通才会更自然、更顺畅。

 特别提醒

(1)当客户表现冷漠、逃避时,完全可以用自己的热情缓解客户的对立情绪。

(2)当客户需要帮助时,正是销售人员对他们加以关注的好时机。

(3)当客户遇到困难时,认真地帮其分析并有效解决问题,他们就会认可你。

 小贴士

让客户高兴的"魔法词汇"

(1) 需要我帮您做什么吗?

(2) 我们可以解决这个问题。

(3) 请稍等,我会尽力找到答案。

(4) 我们会承担责任。

(5) 我们随时提供最新信息。

(6) 我们会按期提交。

(7) 我们将为您提供完整的服务。

(8) 很感谢您与我们合作。

 案例点拨

"案例导入"中的故事告诉我们,当客户来买某种产品时,如果我们没有,一定不要直接告诉客户,而是应该积极地向他推荐一些相关的替代产品。如果一个销售人员不懂得与客户沟通的语言技巧,那么表现再积极也是徒劳。甚至越积极,其效果越适得其反。

 素养训练

如果你是李明,你打算如何更好地回答这位妈妈?

_____

_____

_____

_____

_____

主题 2.2 销售前的语言技巧

 学习目标

我们将学习到……
◇ 商品销售的前提条件
◇ 如何使用接近语言
◇ 如何掌握接近语言的流程

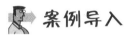 案例导入

李亮是某商城的一名销售人员,他性格比较内向,是个老实憨厚的人。但这些因素都没能阻碍他取得良好的销售业绩。因为他很能吃苦,对于自己要销售的计算机配件的品牌、性能、效用等,他都牢记在心,把主板、内存条、风扇、光驱、CPU等不同部件的功能都了解得很清楚,面对来组装计算机的客户,他能将产品的相关知识倒背如流,再加上热情的服务态度,到他这里组装计算机的客户很多。大家都以为他是计算机专业的大学生,当他坦诚地告诉客户他只有职业高中水平的时候,客户非但没有看轻他,相反对他更加刮目相看。他没有像其他人一样巧舌如簧,而是将每一个配件的不同品牌列举出来,然后比较它们的优劣,给出明确的数据和性能,让客户自己做主。

 想一想

李亮为什么会得到客户的信任与肯定?

 应知应会

销售前的销售语言,从沟通的角度讲,就是接近语言。"接近客户的30秒,决定了推销的成败",这是成功销售人员共同总结出的法则,那么接近客户到底指的是什么呢?接近客户是否有一定的技巧可循呢?在接近客户时我们应该注意哪些方面的问题呢?这就是本主题我们要共同探讨的问题。

一、商品销售的前提条件

商品销售离不开客户、产品和销售人员三种因素,因而销售活动的顺利展开和进行,必须具备以下前提和条件:

（一）客户需求

客户需求是市场动向的脉搏和风向标。

现代商品销售必须树立以客户为本的销售观念，并以之为行为准则。商品销售人员应当以"三个一切"为服务宗旨，即"一切为了客户，为了一切客户，为了客户的一切"。客户需求是商品销售活动的行动指南和焦点。

例如，客户的目标是买太阳眼镜，有的是为了耍酷；有的是为了避免阳光刺眼；有的是为了遮住红肿的眼睛。每个人的需求不一样，不管是造型多酷的太阳眼镜，如果镜片的颜色较浅比较容易透光的话，那么这副太阳眼镜提供的耍酷功能，是无法满足避免阳光刺眼以及希望遮住红肿眼睛的这两类客户的特殊需求的。

 小贴士

迪伯达模式的六个销售步骤

著名的迪伯达模式便是从客户需求出发的销售典范。"迪伯达"是六个英文字母DIPADA 的译音。它们表达了迪伯达模式的六个销售步骤：

第一步，准确地发现客户的需要与愿望（definition）。

第二步，把商品与客户需要结合起来（identification）。

第三步，证实所销售的产品符合客户的需要（proof）。

第四步，促进客户接受所销售的产品（acceptance）。

第五步，激起客户的购买欲望（desire）。

第六步，促成客户采取购买行动（action）。

因此，销售的定义对我们而言是非常简单的，即找出商品所能提供的特殊利益，满足客户的特殊需求。

（二）熟悉产品

产品是销售活动的凭证。销售人员只有对自己所销售的产品了如指掌，向客户介绍时如数家珍，才能赢得客户的信任。

熟悉产品主要有以下内容：

（1）了解产品的工艺、设计、性能、结构、特点、用途、质量、价格、使用方法、安装保养和维修技能、管理程序等。

（2）了解产品的标准、条标、分等定级、评审送验、质量认证等知识。

（3）掌握与之竞争的同类产品或替代产品的有关情况，如产品行情、需求关系、价格预测、生命周期等。

总的说来,销售人员对自己所销售的产品,只有熟悉到"偏爱"的程度,才能充分发现其全部优点和特色,也才能真诚而动情地为客户介绍,才能对客户产生很强的感染力。对客户而言,产品特色与优势,如质量、价格等,是最具吸引力和诱惑力的。

二、使用接近语言的要求

接近客户,在专业技巧上,我们定义为"由接触到准客户,至切入主题的阶段"。在接近客户前首先要明确你的主题是什么,然后再根据你的主题选择适当的接近方法。每次接近客户有不同的主题。例如,主题是和未曾碰过面的准客户约时间见面,你可以选用电话约见的方法;准备约客户参观展示,可以采用书信的方法;如果向客户介绍某种新产品,那么直接拜访客户就比较适合。

从接触客户到切入主题的这段时间,需要注意以下两点:

(一) 迅速打开准客户的"心防"

任何人碰到从未见过面的陌生人,内心深处总是会产生一些警戒心。当准客户第一次接触销售人员时,他是"主观的",也是带有"防备"心理的。"主观的"含义很多,包括对个人穿着、打扮、头发的长短、品位,甚至高矮胖瘦等各种感受,而产生喜欢或不喜欢的直觉。由于主观的切入点,使准客户对于不符合自己价值观或审美观的人有一种自然的抗拒心理。"防备"心理是指由于人们对不太熟悉的人都会产生一种本能的距离,所以无形中就在准客户和销售人员之间筑起了一道防卫的墙。

因此,只有在你迅速地打开准客户的"心防"后,准客户才能敞开心扉,也才可能用心听你说话。打开准客户"心防"的基本途径是:①让准客户产生信任;②引起准客户的注意;③引起准客户的兴趣。

(二) 学会销售商品前,先销售自己

"客户不是购买商品,而是购买销售商品的人。"这句名言流传已久。说服力不是仅靠强而有力的说辞,而是仰仗着销售人员言谈举止中散发出来的人格魅力。

 特别提醒

你永远没有第二次机会来留下第一印象!

在与人交往的过程中,第一印象是非常重要的。一般给对方第一印象的时间只有 7 秒钟。从接触一开始,7 秒钟的时间你就已经给对方留下一个印象,是不是专业、能干不能干就能判断出来。专业行为表现包括以下几方面的内容:

(1) 外表,即穿着打扮怎么样。

(2) 身体语言及面部表情,身体语言包括姿势语言。

(3) 日常工作和生活中的礼仪,包括握手、对话、会议礼仪、电梯礼仪等。

外表、身体语言、表情和礼仪构成整个的专业行为。

三、使用接近语言的流程

（1）称呼客户的名字。能说出对方的姓名和职务。

（2）简单地自我介绍。清晰地告知自己的姓名、公司及产品。

（3）恳请客户的接见。希望客户确定具体的时间，互相了解。

（4）和客户深入交流。提前熟悉客户信息，选择客户兴趣点展开话题。

（5）表达拜访的理由。自信大方，让客户感觉你的专业和可以信赖。

（6）赞美客户并询问。拉近客户的心理距离，进入正题。

接近客户要贯彻"以心换得心，以情换得情"这样一个原则。通过本主题的学习，希望同学们首先要树立"以客户为中心"的意识，在接近客户的沟通过程中注意接近要点，和客户建立起更加紧密融洽的关系。

案例点拨

一件产品的性能和技术构成（通俗地说就是质量）如何，这是客户最关心的问题。客户因为需要才会购买，所以你能否满足他的需要是他最关心的事。因此每个销售人员都应当像"案例导入"中的李亮那样，对自己产品的材料、质地、性能数据、规格、操作方式等有清楚的认识，从而得到客户的信任与肯定。

对自己产品的性能、数据的清楚了解对一位销售人员的销售效果有着非常重要的影响，有时候甚至可以弥补销售人员在语言艺术和说话方式上的不足。

素养训练

作为一名某运动鞋的销售代表，如何给客户留下良好的第一印象，并与客户联系洽谈。

第一印象：_____

_____

_____

_____

联系洽谈流程：_____

_____

_____

_____

_____

_____

主题 2.3　销售中的语言技巧

 学习目标

我们将学习到……
◇ 如何了解客户的购买心理
◇ 如何根据客户的行为把握时机
◇ 如何处理客户在购买中的异议

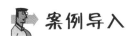 **案例导入**

　　下午3点，正值商场交接班高峰，人较多。一位客户出现了，衣着非常随便，脚穿拖鞋，手提一个塑料袋，大多数销售人员并未搭理他。但不经意间，张林发现客户塑料袋里装着一款非常有名的手机及一个纸包，他迅速做出判断："他有购买能力。"于是张林向其推荐了最新的套装，说："这是目前最新款式的油烟机，消毒柜炉具造型也是目前独一无二的，细节处理更是精益求精。"当客户询问为何造型都差不多，但价格却相差这么大时，张林马上对比了内部设置的诸多不同，同时拿出自己的手机说："你看，同样是手机，我的仅仅售价一千多元，而您的手机却几千元，造型也差不多，您能说是一样的吗？而这个牌子的油烟机作为厨房专家和典范，每一款的设计与功能都是领先的。其他品牌可以模仿它的外观，但是却不能模仿它内部的构造。在质量、功能使用效果上是不能相提并论的……"最后该客户购买了该公司的三件产品。

 想一想

　　案例中，张林是如何判断客户的购买心理的？假如你是一名销售人员，会以貌取人吗？

应知应会

当我们已经接近潜在客户之后,在销售过程中的语言技巧就变得十分重要了。所谓"语言技巧",并非"花言巧语""鼓舌如簧"之类的吹嘘和欺骗。它是指销售人员以诚实而科学的态度,向客户介绍或解说产品的一种语言表达能力。它涉及并综合了多种知识内容,包括市场调查分析、信息收集处理、消费心理把握、人际关系研究、语言艺术表现、行为科学应用等。

一、了解客户的购买心理

在产品销售过程中,应了解客户的求实、求新等购买心理。

（一）求实心理

具有求实心理的客户注重商品的实惠实用,以追求商品的使用价值和使用效益为目的。这就应该着重介绍商品的性能,以及耐用性、可靠性、安全性、节能和价格因素。

（二）求新心理

具有求新购买心理的客户,对商品的新颖性要求很高,对新样式、新结构、新装潢及新颖的销售方式很感兴趣,希望能亲自尝试或试用一番。这类客户以年轻人为多,介绍时就应侧重商品的时髦、奇特和新功效等。

（三）追求自我满足心理

具有追求自我满足心理的客户多以购名牌商品求得自我满足,甚至有的人购买商品,更多是为了自我显示。这类客户或者是优越感较强,或者是自卑感较深,介绍商品时,就应注意认真体察,突出商品的知名度、信誉度。

（四）爱美心理

爱美心理是以注重商品的欣赏价值和艺术价值为特征的购买心理。具有这种心理的客户往往文化程度较高,从事艺术工作。另外,年轻人比例也较高。向他们介绍商品,就应突出商品的美感、色彩、造型等艺术效果。

 特别提醒

我国人口普查资料表明,20~54岁女性,约占总人口的20%。女性客户不仅数量多,而且在购买中起着特殊的作用。女性客户自己使用的日用品,基本由自己决定购买和亲自购买。在家庭中,她们担当妻子、母亲、女儿等角色,经常是男性用品、儿童用品、老年用品的购买者。

 小贴士

女性的消费特点与购买行为特征

女性有如下消费特点：

（1）对商品的需求范围广。

（2）对商品的需求层次多。

（3）商品要求受模仿、流行影响大。

女性客户购买行为主要有以下特征：

（1）注重商品的外观形象与情感特征。

（2）注重商品的实用性和实际利益。

（3）注重商品的便利性与生活的创造性。

（4）购物精明，有远见。

（5）有较强的自我意识。

（6）挑选商品通常是"完美主义者"。

二、把握客户的购买行为

销售的语言艺术，还表现在准确把握时机上。那么，怎样把握最佳的销售时机并恰当地选择语言呢？在此，根据客户的行为和态度，将销售的时机以及相应的语言表达归纳为以下八点：

（一）客户眼神不集中时

客户什么都在看，说明客户只是在参观浏览。这时应主动上前招呼："欢迎光临！请您看看我们刚到的新产品。"

（二）客户一直注视着同一样商品时

客户一直注视着同一样商品说明客户对商品产生了兴趣，有了购买的动机，这时可从客户的正面或侧面迎上，神情自若地问候："早上（下午、晚上）好。""欢迎光临。"

（三）客户触摸商品时

客户触摸商品说明商品已经引发了客户的兴趣，他正在进一步通过接触来感受、了解，注意力也就相对集中在商品上。如果这时营业员冒失地从背后去打招呼，恐怕会使客户吓一跳。最好是从正面或侧面语气平静、柔和地说声："欢迎光临。""请问先生（女士），我能为您做点什么吗？"

（四）客户从商品上抬起头时

客户从商品上抬起头，意味着客户希望与营业员交谈，或者准备离开。此时，可毫不迟疑、

精神焕发地大声说:"欢迎光临! 您需要什么吗?"

（五）客户突然停止脚步时

如果客户突然停止脚步,营业员应注意观察客户目光的集中之处,迅速找到吸引客户的商品,趁热打铁地向他问候,并介绍那种商品,也可主动取下来请他观看。

（六）客户目光像在寻找什么时

客户目光像在寻找什么,意味着客户需要得到营业员的帮助。营业员应立刻过来招呼:"请问,您需要看看什么吗?"

（七）客户拿起一件商品放下又拿起来时

客户拿起一件商品放下又拿起来,说明此时客户想买又拿不定主意,犹豫不决,营业员应及时上前安慰:"先买回去吧,不合适可以退换的。"

（八）和客户目光相对时

和客户目光相对时,营业员应面带微笑,主动向客户点头致意,礼貌地道一声:"欢迎光临"或"早上(下午、晚上)好"。

当然,客户的购买心理、购买需求是多种多样的,以上是常见的几种。营业员应通过认真观察、揣摩,对客户的购买意图了然于心,并配合恰当的商品介绍技巧,在提供优质服务的同时,达到销售目的。

三、处理客户在购买中的异议

客户异议是完成销售的障碍。它经常以客户提出问题的形式出现,在完成销售前,必须要对客户的异议作出恰当的反应。当客户需要更多信息或需要更多保证时,经常会出现异议,以证明自己的购买决策是正确的。因此,处理异议就是与潜在客户进行沟通,让双方尽可能互相理解。

这里可以采用 LSCPA 法来处理客户购买中的异议。

（一）细心聆听(listen)

听是解决一切问题的基础,听的质量直接决定了投诉能否有效地被处理,要听投诉的内容更要关注投诉的原因,不能错失任何细节。所谓投诉,通俗地说就是对自己认为的不公平待遇进行倾诉。这时作为处理投诉的人员应该心平气和、冷静对待,倾听投诉者把事情说完,这是有效处理投诉的先决条件。例如:"你能说得更详细些吗?""好的,我明白了。"

（二）分享感受(share)

了解原委后,要真正站在客户的立场和角度去体会他的感受和心情,在感知层面与客户产生共鸣,让客户知道你完全可以理解他提出投诉的原因及情绪。投诉处理不好的一个很重要原因就是双方处于矛盾的对立面,投诉者与被投诉者都急于让对方接受自己的意见,从而缺少沟通导致投诉处理失败。其实面对投诉我们要学好分享客户心情,站在客户的角度去感受他的处境,这样才有利于更好地处理投诉。例如:"你的心情我理解。""你的这种观点我并不感到奇怪。"

（三）澄清异议（clarify）

在采取行动前,一定要确认收到的投诉基本信息是否是客户想表达的真实信息,双方达成共识,避免造成错误的理解,导致方案针对性和有效性不强。在针对投诉做出解决方案前,一定要把自己对投诉要义的理解表达给客户听,看是否存在偏差,以免处理不当,适得其反。例如:"若从另一角度看,这个问题是……""如果我没理解错的话,您是担心……"。

（四）提出方案（present）

与客户就投诉各部分达成共识后,提出切实可行的方案,并注意一定要让客户感觉参与到方案制订的过程中,而且最好有其他备选方案。例如:"有一种可能性是……""对此,我有一个想法,我们可以……"。

（五）要求行动（action）

处理完毕后,客户最希望看到的是快速、有效的反应和行动,只有行动有效才能更好地解决客户投诉,真正建立客户对企业的信任,形成忠诚的客户关系。例如:"这样做,您觉得是否可以?""您更喜欢哪种方式?"

从以上五个步骤可以看到:根据 LSCPA 法来处理客户购买中的异议,首先应该倾听客户的意见,然后使用一些分担性的语言,力图在感情上接近客户。在陈述阶段,我们可以说:"很多客户和您一样,刚开始都认为我们的产品价格偏高,但是经过一段时间的合作,这些客户都接受了我们的产品,而且都获得了良好的销售业绩。"接下来,我们可以陈述自己的观点。最后要使用一个封闭式的语句来征求客户同意我们的价格。

案例点拨

客户的需求受到多种因素制约和影响,呈现出不同的购物心理和选择商品的标准。销售人员在向所接待的客户介绍商品时,最关键的是必须探明客户的购物意向。揣摩客户的心理,主要是通过观其人、听其言、看其行、察其意等不同方法,进行综合性观察分析,进而在大体上了解客户的意图。"观其人"就是从客户年龄、性别、外貌、神态、服饰等特征上去揣摩;"听其言"就是从客户的言谈、口音等特征上去揣摩;"看其行"就是从客户的步态、举止上去揣摩;"察其意"就是综合前面几项细致的观察、揣摩,大致判断客户的来意,了解眼前服务对象是以游逛为目的的"游客"还是以购买为目的的"买主"。

"案例导入"中的张林没有像其他销售人员那样以貌取人,而是凭自己的观察发觉了有购买力和购买欲望的潜在客户,并巧妙地处理了该客户的异议,最终达成交易。

素养训练

在某家具城里,一位客户正在为家里的小孩挑选椅子,说:"这把椅子太轻了。"导购员随口说了一句:"我们的椅子都是这样的,要重的,那边有。"

……

如果你是聪明的导购员,你会怎么办呢?

_____

_____

_____

尝试用 LSCPA 法来解决这位客户对该椅子的异议。

L 细心聆听:_____

S 分享感受:_____

C 澄清异议:_____

P 提出方案:_____

A 要求行动:_____

主题 2.4　销售后的语言技巧

学习目标

我们将学习到……

◇ 如何使用敬语

◇ 如何使用售后服务的规范语言

◇ 如何使用售后服务的接待语言

案例导入

刚毕业的小刘是某品牌打印机的销售人员。一次他接到一个客户的电话:"小刘,你上周送来的打印机突然卡纸了,怎么也弄不好啊!""噢,您看一下打印机背面的客服电话,修理机器不是我负责的,是技术部负责的。"客户有点儿着急:"我们刚开始接触的就是你啊,这样好不好,我也不认识其他人,你帮我联系一下技术员吧。"

小刘说:"我不太方便,你自己联系吧!"

客户过了一会儿,第二次又打来电话:"技术部的电话一直占线,拨了好几次都打不通,我们这打印机一停,耽误好多事啊。"小刘不紧不慢地回答:"那你过会儿再打吧。"客户着急了,说:"你怎么能这么不负责任呢?""哪有啊? 我不是说了吗? 修理归技术部负责的。"客户生气地说:"算了,就你这样的,我们以后再也不会跟你合作了!"

 想一想

假如你是小刘,你会怎么做? 对小刘的上述表现,你有哪些建议?

应知应会

在产品同质化日益严重的今天,售后服务作为销售的一部分已经成为众厂家和商家争夺客户的重要领地。良好的售后服务是下一次销售前最好的促销,是提升客户满意度和忠诚度的主要方式,是树立企业口碑和传播企业形象的重要途径。

一、敬语的使用

敬语这种表示尊敬和礼貌的用语,是售后服务中必不可少的一种语言。在售后服务中,无论是送货上门还是上门安装,无论是进行业务技术咨询还是维修及退换商品等,各种项目的售后服务无一不需要敬语。

常用的敬语,从尊敬角度看,有第二人称"您",对男子称"先生",对女子可根据其婚姻状况称呼为"夫人""小姐""女士"或"太太";知道其职业的可称"护士小姐""秘书小姐"等;对医生、教授、法官、律师、博士等,均可单独称其职务或学位,也可加上姓氏和"先生",如李老师、王教授、赵医生、孙主任、刘先生、吴博士等。

二、售后服务规范语言的使用

售后服务规范语言是售后服务工作的一个重要组成部分。它不仅体现了服务人员的个人修养和素质,还体现了服务质量的高低,更关系到企业信誉的好坏。那么,怎样才能使售后服务语言表达具有艺术性,为售后服务工作的质量提升起到促进作用呢?

（1）要有热情周到为客户服务的态度,要以妥帖地满足客户需求为前提。

（2）必须准确接收和传递各项售后服务信息,以利于进一步提高服务质量。

（3）与客户进行语言沟通时,语言表达要讲究艺术,拉近与客户的心理距离,化解客户的不满,并引起其产生愉悦的反应。

售后服务的行业规范语言,还具体体现在送货上门、业务技术服务、产品安装与调试、产品维修与退换等各项售后服务工作中。

(一)送货上门服务的规范语言

送货上门是对购买较为笨重及体积庞大的商品或一次购买成批商品,自行携带不方便的客户,以及对某些有特殊困难的客户提供的服务项目。送货员在商品运抵目的地后,应主动征询客户货物放置位置等方面的意见。例如:"先生/女士,请问,你需要我将它(商品)放到哪个位置?"工作结束,当客户表示感谢时,应礼貌地回答:"不客气,没什么,这是我应该做的。""您过奖了。""您太客气了。"等等。

(二)业务技术服务的规范语言

业务技术服务规范语言,一般分为技术咨询服务规范语言和技术培训服务规范语言两方面。技术咨询是为客户解决新产品使用时遇到的种种难题而提供的服务项目。服务人员在提供技术咨询服务时,规范的服务语言应是先主动热情地向客户问好,并说:"我能帮您做点什么吗?"当客户提出咨询的问题时,应仔细聆听,然后耐心、准确地向客户提供必要的技术数据、产品性能、检测标准以及使用说明。在为客户提供技术培训服务时,服务人员的规范语言应是配合技术操作进行认真细致而又条理清晰的讲解。讲解时应精神饱满、笑脸相对。讲解语言要求准确、平实,讲清每一个操作步骤。其间,对客户的每一个问题,都要认真回答。

(三)产品安装与调试服务的规范语言

客户在购买某些商品时,需要在使用地点进行安装,而客户又不懂得正确的安装使用方法。这时,销售人员就应向客户介绍商品的具体安装和使用方法,必要时还可当场安装试用,或派人到客户家里亲自安装调试。在售后进行安装调试,是售后服务的一项基本工作。在上门安装调试时,应做到主动热情问好,在操作中使用礼貌性用语如"劳驾""对不起""请您让一让"等。当客户给服务人员的工作提供帮助时,应表示谢意。例如:"谢谢您的帮助,安装完毕。"告辞时,应使用礼貌告别语如"再见"等。

(四)产品维修与退换服务的规范语言

产品维修是指客户购买商品后,在保修期内实行免费维修,超过保修期再收取维修费用。不少企业对大件商品还提供上门维修服务。退换货是指客户在选购了不合适的商品时可以退换。产品维修和退换时,客户难免会有抱怨。

被誉为"经营之神"的松下幸之助认为,对于客户的抱怨不但不能厌烦,反而要当成一个好机会。他曾告诫下属:"客户上门来投诉,其实对企业而言实在是一次难得的纠正自身失误的好机会。"有许多客户买了次品或遇到不良服务时,因怕麻烦或不好意思而不来投诉。但是,坏现象、坏名声就永远留在他们的心中。因此,对待有抱怨的客户,一定要以礼相待,耐心听取对方的意见,并尽量使他们满意而归。即便碰到爱挑剔的客户,也要婉转相让,至少要在心理上给这样的客户一种如愿以偿的感觉。如有可能,服务人员应该尽量在少受损失的前提下满足客户提出的一些要求。假若能使挑剔的客户也满意而归,那么你将受益无穷,因为他们中有人会给你做义务宣传员和义务推销员。

(五)对待客户的抱怨,服务人员在实施应对策略时可运用的规范语言

"请坐""请您坐下慢慢说,好吗?"服务人员热忱招呼抱怨的客户,请他们坐下来诉说、抱怨,自己在一旁边倾听边郑重其事地记录他们的意见。这样做,可使客户感受到自己的意见受到了某种重视,有利于建立一个良好的交流气氛,同时也有利于了解客户的真实信息,沟通双方的感情,为自己下一步更妥善地处理问题提供参考依据。

无论客户正确与否,都应当向客户表示谅解之意。如果不能表示完全同情,服务人员也应在某一点上持谅解态度,并对客户这样解释:"多亏了您的指点……""您有理由不高兴……对这个问题我也有同感……""感谢您对这个问题的提醒……"用这样的礼貌规范用语,往往能使抱怨的客户息怒消气。

某些客户抱怨,一时很难找到真正根由,有的抱怨纯属无中生有,根本无法给予圆满的解决。遇到这种情况,老练的服务人员大多采用拖延的办法,使眼前纠纷暂缓处理。采取这种办法的规范用语有:"等经理回来后,我一定反映您的意见,一定给您一个满意的答复。""请允许我先调查一下情况,再给您回话好吗?"采用这种拖延方法的目的主要是使客户平静下来,双方理智地解决问题。

客户抱怨时,在措辞应对规范方面,可采用谨慎询问事由,然后做出合情合理的答复的办法,化争辩为商讨,变抱怨为合作。例如,购买手机的客户抱怨:"质量不佳、性能不好、像素不高,这种手机让人怎么拍好照。"服务人员先对这句抱怨理解为"客户不大会使用这种型号的手机"。然后不紧不慢地问道:"请问您是怎样拍照的?"客户如果放弃抱怨,说明自己的使用方法,问题将会迎刃而解。如果客户火气仍大,再次抱怨,服务人员仍用同样的问答方式去处理,几个回合之后,对方就会转而采取合作态度,问题也就不难解决了。

正确对待客户合理的维修退赔要求,使用规范的服务语言进行售后服务,即使是拒绝接受赔偿要求,也应婉转、充分、耐心细致地说明己方的理由而不能简单行事。在感情上接近客户,稳定对方情绪,避免买卖双方之间可能出现的冲突,有利于很好地解决售后维修和退换这个环节上的问题。

 特别提醒

无论客户是通过哪种渠道投诉,永远记住:不要争辩,要耐心地倾听,把客户的问题点梳理出来,然后在适当时机表达你的观点。

三、售后服务接待语言的要求

接待工作是售后服务的一项经常性工作。接待各种各样的客户,这项看似很平常的工作,实际上却关系到企业形象、信誉以及进一步发展的问题。因此,售后服务人员必须采取积极措施,讲究接待艺术,尤其是注意接待的语言技巧,把"主动、热情、耐心、周到"贯穿到接待服务的每一个环节中去,努力提高售后服务接待工作的水平。

（一）迎接

当客户来到售后服务点时,服务人员应马上站起身来,以表示对客户的尊重。同时,面带微笑、主动热情地招呼:"您好!"或"您好,请坐。""您请坐。"然后很礼貌而又关心地询问:"先生/女士,您有什么事情吗?"

（二）倾听

在口语表达中,说是在传递信息,听是在接收信息。作为售后服务人员,在倾听客户说明来意、陈述理由甚至抱怨时,需要耳到、眼到、心到,同时辅以其他的行为和态度。

倾听的技巧有:用微笑的目光注视对方,保持目光接触,不要东张西望,以此表示对客户所说情况的重视、理解。保持饱满的精神状态,专心致志地听,传达"我对你的问题很感兴趣,你是一个值得我倾听讲话的人"的信息。

不要打断客户的话,让他把话说完。如内容较多,可适当作记录,显示解决问题的诚意。在聆听客户说话时,还应主动反馈呼应,不时发出表示听懂或赞同的声音,如"嗯""哦",有时还可做出适当的体态语呼应,如表情随对方谈话内容有相应变化,恰如其分地点头,适当重复某句重要的话,等等。

适时而恰当地提出问题,配合对方语气表述自己的意见。不离开对方所讲话题,但可通过巧妙的应答,把对方讲话内容引向所需的方向和层次。这些技巧,不仅仅是出于礼貌,而且是在调节谈话的内容和气氛。

（三）答询

在答询客户问题时,要做到精神饱满、面带微笑、思想集中、有问必答。答问时,要敬语在先,然后针对客户的提问,耐心细致、周到详尽、条理清楚而又重点突出地答询。对自己也不太明确的事,不要轻率地说"我不知道",而应先向对方表示歉意并请客户稍等一下,说:"对不起,先生/女士,这个问题我去问一下再答复您,请稍等片刻。"然后向有关人员请教后回答。答询还应做到准确清楚,绝不能模棱两可、简单了事。

（四）解说

解说是售后服务工作,特别是业务培训服务的一种重要手段。当客户要了解产品养护知识以及使用、操作、维修方法时,服务人员清晰、明了的解说就显得相当重要了。运用解说应注意以下技巧:

（1）说话不能拖泥带水,吐字要字字清晰,让人听得明明白白。

（2）语速适中,不宜过快或过慢。要把握好表达节奏,说到数字、专业用语以及关键性的、难以理解的地方,要放慢语速,有时甚至要一字一顿地表达,或进行必要重复。如"电冰箱倾斜度不能超过 45°"的说明。

（3）要注意用重音突出重点内容,用连顿区分、提示相似而又不能混淆的东西。如对热水器的"进气口"和"进水口"的安装解说。

（4）语言要通俗易懂。因客户年龄、文化程度、接受能力参差不齐,解说时要注意用浅显通俗的语言来表达内容,以利于所有客户的理解。

（五）送别

送客告别语言技巧非常重要,因为这是售后服务接待工作中的最后一个环节。按照记忆和心理学规律,最后的印象一般较深刻,这个环节处理不好,会影响整个接待工作的效果,甚至使整个接待工作前功尽弃。售后服务送别语的技巧主要是注重礼貌。在客户要离开时,主动与客户握手告别并送出门去;分别时,面带微笑真诚地表达致歉语,如"对不起,给您添麻烦了""真过意不去,让您亲自跑一趟""实在抱歉"等。同时用敬语道别,如"请慢走""请您走好"等,给客户留下良好的印象。

 小贴士

处理客户投诉的抱怨技巧

（1）耐心多一点。 （2）态度好一点。

（3）动作快一点。 （4）语言得体一点。

（5）层次高一点。 （6）办法多一点。

 案例点拨

推卸责任永远不是解决问题的办法。当接收到投诉和客户反馈的意见时,应该积极地去帮助客户解决困难,让他们感受到关心。承担责任可能只是稍微改变一下说话的态度,动动手指拨打几个电话,而获得的是客户的忠诚,赢得的是长久的合作。

"案例导入"中的小刘以"事不关己,高高挂起"的态度,对客户冷淡无情、推卸责任,失去的将不仅仅是这一位客户,而是更多的客户甚至整个市场。

素养训练

一个炎热的下午,一位满头大汗的老大爷抱着计算机机箱步履蹒跚地走进了某计算机维

修公司。维修人员肖力看见他后,紧皱眉头小声说了句:"怎么又来了?"

老大爷:"你们是怎么修的,前天才通知我修好了,让我抱回去,怎么又坏了?"

肖力:"是不是你的操作不当啊?"

老大爷:"我根本没怎么用啊。"

肖力:"不可能,要不就是你的计算机用太久了,换了算了。"

经过一番争吵,最后肖力说:"放这里吧,等通知。"

看了这则案例,请根据所学的售后服务接待技巧对案例中的对话内容进行修改。

一个炎热的下午,一位满头大汗的老大爷抱着计算机机箱步履蹒跚地走进了某计算机维修公司。维修人员肖力看见他后,赶紧上前搬过计算机,说:

_____

_____

_____

_____

_____

回 顾 总 结

本单元重点介绍了销售语言的使用原则及销售语言在销售前、中、后的语言技巧。使学生明确不同时间、不同阶段的销售用语是不同的。在各个阶段更好地使用相关的语言技巧,能为客户提供更优质的服务。

拓 展 训 练

经过本单元的学习,个人或组队到各门店各商场的接待、售后服务部门了解相关情况,记录具体的事件和案例,整理后在课堂中互相交流分享。

辞达则止，不贵于多。

——《礼记集解》

单元 3 服务用语

 任务设定

1. 服务用语的类型
2. 服务用语的要求
3. 服务用语的使用
4. 服务用语的规范

主题 3.1 服务用语的类型

 学习目标

我们将学习到……
◇ 什么是无声语言
◇ 什么是有声语言

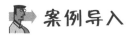 **案例导入**

陈浩从某学校毕业后从事市场营销工作,一直保持良好的销售业绩。销售经理让他为一厂家推销节能烹调器具——节能烹饪宝。此款器具价格为 395 元一套,一直销路不好。有一天,陈浩在客户面前示范器具的使用方法,强调它具有节省燃料、减少开支的优点,还不断把烹调好的食品供客户品尝,但客户仍无意购买。这时陈浩环顾围观的客户,向身边的一位大姐问道:"这位大姐,您如果使用我的节能烹饪宝做饭,每天就可以节省 1 元钱。一年 365 天,一年就能节省 365 元。如果一天浪费 1 元钱,10 年就白白浪费了 3 650 元,今天您还不用它,那么又浪费了 1 元。"陈浩接着问道:"难道今后您还要每天浪费 1 元吗?"围观的客户会心地笑了,这款器具成功地被推销出去。

 想一想

陈浩推销成功的秘诀是什么?

 应知应会

销售活动的实质是销售人员说服或诱导潜在客户接受其观点,购买其产品和服务的过程。所以,销售的艺术即说服的艺术,说服要靠生动的语言来表达,语言是销售人员与客户沟通的重要手段。

一、无声语言

无声语言包括形体语言、手势语言、表情语言等,具有间接、含蓄、自然的特点,能辅助有声语言。销售活动中销售人员和客户进行面对面交流时,除有声语言以外还可借助无声语言来增加、补充甚至强化所要表达的内容。有些细小的无声语言所产生的神奇功效是用再多的有声语言也难以达到的。例如,销售人员充满亲和力的微笑、柔和的眼神、关怀的手势等,正所谓"无声胜有声"。在特定的情况下,只有身临其境的买卖双方才能体味出那种无声语言的切实含义。

二、有声语言

有声语言主要是指口语,具有直接、准确、迅速、易于理解的特点。

 小贴士

销售语言的分类

采用不同的标准,销售语言又可进行多样的划分。

1. 按语言涉及的内容和风格划分

(1) 专业语言:指有关销售业务的术语。

(2) 法律语言:指销售洽谈过程中的法律用语。

(3) 外交语言:指有弹性的、能缓解气氛的语言。

(4) 文学语言:指生动、富于想象的语言。

(5) 生活化语言:指在风格上接近日常用语的销售语言,具有随和、易于接受、易于沟通的特点。

2. 按语言表达形式划分

商业服务中常用的口头语言形式有叙述、发问和劝说三种。

销售口语在整个销售过程中占有很重要的位置,每一次销售行为,都是通过销售口语来实现并完成的。因此,销售口语是学习销售语言、塑造销售语言艺术的主要内容。

(一) 叙述式语言表达的艺术

叙述式语言在表达时,有肯定叙述和对比叙述两种方式。

1. 使用肯定叙述

销售人员的语言应是肯定语句,严格地讲,否定语句应视为一种禁忌,要尽量避免。在很多场合下,肯定句是可以代替否定句的,且效果往往出人意料。

(1) 否定叙述。例如:

客户:"图上这款石榴石手链还有吗?"

销售人员:"没有,卖完了。"

客户听完转身离开柜台。

(2) 肯定叙述。例如:

客户:"图上这款石榴石手链还有吗?"

销售人员:"现在柜台里摆的主要是红玛瑙和绿宝石手链,这两种手链也都挺好看的,您

可以试戴一下看看效果。"

客户开始试戴红玛瑙手链。

销售人员:"这款也很漂亮,很适合您。"

最后,客户购买了红色的玛瑙手链。

 特别提醒

在服务行业中,有一条不成文的规定,即服务人员不能随便对客户说以下七个字:"没有""不知道""不行"。

2. 使用对比叙述

当客户对某种商品的质量、款式有疑问或对自身的购买目标尚不确定时,销售人员可采用对比叙述的方法,介绍和阐明两种不同商品的特点或同一件商品的正反两方面的特点,以增强说服力,消除客户的疑虑,从而激发客户的购买欲。

(1)直接叙述。例如:

客户:"这翡翠是 A 货吗?"

销售人员:"是 A 货。"

(2)对比叙述。例如:

客户:"这翡翠是 A 货吗?"

销售人员:"这当然是 A 货了。您看,这光泽多强,颜色鲜艳。您再听听这声音(销售人员用一支笔轻轻敲击手镯,手镯发出叮叮的响声),B 货哪有这么强的光泽,颜色都发飘的,敲上去的声音是噗噗的。"

(二)发问式语言表达的艺术

在商品的销售中,销售人员应常常使用问句,通过提问可以了解客户的需求、爱好等,以便进行有针对性的推销,为客户提供个性化服务。

1. 选择性发问

销售人员在向客户发问时,要学会设计问题,尽量避免让客户在"是"与"不是","买"与"不买"之间选择答案。销售人员的提问应该让客户感到不是要不要买的问题,而是买哪个的问题,先给客户灌输"要"的意识,客户不是在"要"与"不要"之间选择,而是让客户在"这个"或"那个"中做选择。

2. 主导式发问

销售人员把主导思想提出来,当客户肯定这种思想后,再以诱导方式进行提问,回答是可以控制的。例如:

某客户到柜台前买项链。

销售人员:"夏天到了,大家都喜欢戴项链,对吧? 脖子上空空的确实不好看。"

客户:"是呀!"

销售人员:"这是今年的新款,看看多漂亮!"

客户:"嗯,是挺漂亮的!"

销售人员:"您选一条? 保证戴上好看!"

3. 假设式发问

销售中,销售人员可用"如果……那么……""要是……那么……"等假设性句式进行发问,假设性发问特别适合那些个性较强、常说"不"的客户。例如,某客户看中了一款风衣,但在价钱上犹豫,这时销售人员采用不同的方式发问,效果就会不一样。

第一种方式:

销售人员:"你买不买? 别犹豫了,想买就交钱。"

客户放下风衣转身就走。

第二种方式:

销售人员:"您真心喜欢吗? 如果您真心喜欢,我可以向老板申请在价格上给您一点优惠。"

在第二种方式中,销售人员采用了假设式发问,既没有强迫客户,也没有给客户造成压力,同时还给客户提供了一点小小的利益,客户就有可能决定购买,销售就可以达成。

(三) 劝说式语言表达的艺术

劝说是一种设法使客户改变初衷,心甘情愿地接纳销售人员购买意见和建议的艺术。为使劝说发挥作用,劝说前必须注意观察,了解客户个性、心情、需求倾向等,在掌握了这些信息的基础上进行有的放矢的劝说。

1. 以客户为中心进行劝说

在销售中,客户应是主角,销售人员应避免用驾驭他人的语言说话,尽量避免使用以"我"为中心的句式,如"我认为……""我的看法……"等。因为在人际交往中,"我"字讲得太多,过分强调,就会给人突出自我、标榜自己的印象,这会在客户和销售人员之间筑起一道防线,形成障碍,影响交往的深入。

一般说来,在购物过程中,客户喜欢自己拿主意、下结论,不喜欢他人替自己下结论或把某种东西强加于自己(当客户征求销售人员意见时另当别论)。因此,劝说时,要用以客户为中心的语言,如"您觉得……""您看这件毛衣……"等。

2. 以客户所能获得的利益进行劝说

客户购买商品时,不仅仅考虑价格,同时还是为了满足某种需要,获得某种利益,因此销售人员在劝说时,要淡化价格,突出利益。例如,某客户选中了某款电视机。

第一种方式:

客户:"电视款式不错,只是小了点儿,有大的吗?"

销售人员:"大点儿的有,不过价钱可不是现在这样了,要贵多了。"

客户转身离开。

第二种方式:

客户:"电视款式不错,只是小了点儿,有大的吗?"

销售人员:"有,请跟我来。"

销售人员引导客户欣赏另一台稍大的电视。

销售人员:"屏幕大点儿,视觉效果就更好了。"

客户:"多少钱?"

销售人员报价:"……"

客户:"贵了点儿。"

销售人员:"您看,价钱是贵了点儿,但视觉效果更好,看起来更享受,值这么多钱呀!"

客户愉快地点头,成交。

在实际销售工作中要根据实际情况灵活应用销售语言的类型,不可完全照搬,要不断归纳、总结,才能更好地发挥它们的作用。

案例点拨

每个销售人员都能切身体会到语言的魅力。有些产品基本上处于滞销的状态,但优秀的销售人员能把它卖得火爆起来。成功的销售人员,不仅通过自己的销售工作得到了超值回报,而且帮助企业出售了产品和服务赢得了利润,成为企业生存和发展的保证,这是社会经济繁荣的缩影。销售工作极具挑战性、灵活性,临场的口头发挥对达成销售起着至关重要的作用。"能言善道"是销售人员职业生涯中追求成功的第一道门槛。

"案例导入"中的陈浩以生动的语言、巧妙的举止,说服或诱导了潜在客户接受、认同其观点,从而达成最终的交易。

素养训练

客户来到某柜台随意观赏项链,销售人员的两种提问方式,取得的效果可能不同。参考销售语言的类型进行比较分析,第二种方式为什么能留住客户?

第一种方式:

销售人员:"您买项链吗?"

客户:"不买,看看。"

销售人员不再说话,客户看完项链就离开了柜台。

第二种方式:

销售人员:"喜欢项链? 喜欢黄水晶还是紫水晶的?"

客户:"不知道哪一种好。"

销售人员:"您可以试戴一下,黄水晶艳丽活泼,紫水晶高贵典雅。"

客户开始挑选、比较和试戴,最后购买。

主题 3.2　服务用语的要求

 ## 学习目标

我们将学习到……

◇ 如何使用通俗易懂的语言

◇ 如何使语言更能体现对客户的尊重

◇ 如何使自己的语言更能贴近情境

 ## 案例导入

林彬是某中等职业学校计算机专业的毕业生,在一家信息技术服务公司上班。某公司刚

搬到一个新的办公区,需要安装一个能够体现该公司特色的邮件箱,于是这家公司的李先生便打电话咨询林彬所在的公司。接电话的林彬倾听了李先生的要求后,便认定该公司想要的是CSI 邮箱。李先生不明白,就问:"CSI 是金属的还是塑料的? 是圆形的还是方形的?"林彬就对李先生说:"如果你们想用金属的,那就用 FDX 吧,每一个 FDX 可以配上两个 NCO。"CSI,FDX,NCO 这几个字母搞得电话那一头的李先生一头雾水,李先生只好无奈地对林彬说:"再见,有机会再联系吧。"

 想一想

李先生为什么会失去信心并最终选择放弃?

应知应会

一个销售人员想让产品介绍富有诱人的魅力,激发客户的兴趣,刺激其购买欲望,就要掌握销售语言的使用要求,正确应用语言艺术,向客户展示自己的语言魅力。在实际运用时需要注意以下几点:

一、使用通俗易懂的语言

销售语言具有直接性和应变性的特点,它要求销售语言必须通俗易懂。通俗易懂的语言最容易被大众所接受。所以,在语言使用上要多用通俗化的语句,要让自己的客户听得懂。销售人员对产品和交易条件的介绍必须简单明了,表达方式必须直截了当。表达不清楚,语言不明白,就可能会产生沟通障碍,影响成交。此外,销售人员还应该熟悉和使用每个客户所特有的语言与交谈方式。

二、语言体现对客户的尊重

人们具有被尊重的强烈需求。无论是在商业运作过程中,还是在日常生活中,销售人员都需要表现出对客户的尊重,一旦客户感觉到被尊重,便会产生两个主要行为:一是形成忠诚度,重复购买产品;二是向身边的人进行推荐,形成口碑传播与推广。这两个结果对于任何一家企业来说,都具有重要的意义。反之,任何不尊重客户的行为都会造成不良的后果。人与人之间的关系始终是相互的,销售人员对客户表示出不尊重,客户亦会毫无例外地对销售人员表示出不尊重。

让客户充分地体会到被尊重,需要注意把握以下几个原则:

(一)注意措辞

销售人员在使用销售语言时,要充分尊重客户的人格和习惯,绝不能讲有损客户自尊心的话,这就要求销售人员注意语言的措辞。销售人员服务用语的措辞修饰性,主要表现在经常使用的谦敬语和委婉语两方面。

谦敬语是谦虚、友善的语言,表现出充分地尊重对方,常用征询式、商量式的语气进行交谈。委婉语是用好听的、含蓄的,使人少受刺激的代词,代替所要禁忌的词语,用曲折的表达来提示双方都知道的但不愿点破的事物。

在销售人员接待工作中,广泛应用谦敬语和委婉语是与客户沟通思想感情、使交际活动顺利进行的途径。它既能使双方传达信息,同时又因为没有点破要表达的内容,所以一旦交往不顺利时也容易"下台阶"。

 特别提醒

如客户提了意见,一时又难以给予准确的评价,便可说:"您提的意见是值得考虑的,谢谢您了。""值得考虑"这是委婉词语,它带有赞成的倾向,但没有直接表示赞同,也许在赞同中还有少许的保留。人们易于接受谦敬语和委婉语,销售人员一定要学会使用。

(二)多采用请求式语句

命令语句是说话者单方面的意见,没有征求别人的意见,就要求别人去做,会让客户觉得销售人员太高傲。请求式的语句是以协商的口吻请求别人去做,能让客户体会到"上帝"的待遇,能体现销售人员对客户的尊重。例如:

客户问销售人员:"你们厂生产的手机还有没有货?"销售人员答:"没有了,您下次再来吧。"这样的语句容易令客户觉得不舒服而会寻找别的厂家。但销售人员若是这样回答:"本厂手机已全部订出去了,不过已在加班生产,您愿意等几天吗?"这样的回答不但使客户知道这家工厂生产的手机很畅销,更让客户感觉受到了充分的尊重,这位客户就可能会被挽留住。

销售人员在与客户交谈时,微笑要亲切一点,态度要和蔼一点,说话要轻声一点,语气要柔和一点。要多采取征询、协商或者请教的语气与客户交流,切忌使用命令或指示的口吻与客户交谈。

 特别提醒

人贵有自知之明,销售人员要明白自己在客户心中的地位,需要永远记住一条——不可对客户指手画脚、下命令或下指示,随时明确自己是一个普通的销售人员。

(三)多用肯定句

叙述是销售语言的主要表达方式之一。叙述应少用否定语句,多用肯定语句。在实际销售过程中,常常会有缺货、不属于自己工作范围,或者按公司规定无法满足客户需要的情况。

遇到这种情况,应当耐心地解释,正确引导客户,而不要简单地用否定语句回答客户。因为在否定叙述中,销售人员把自己与客户继续谈话的可能性堵死了。而肯定性回答能够淡化无法满足客户需求的事实,并把客户的思路引向一个新的方向,在这个过程中销售人员就能找到与客户继续谈话的可能,使看上去没有希望的事情发生转机,找到回旋的余地。

三、使用语言要贴近情境

销售人员与客户谈话,就是与客户交流思想的过程,这种交流是双向的,不但销售人员自己要说,同时也要鼓励客户讲话,通过客户说的话,销售人员可以了解客户的基本情况和真实需求。

特别提醒

销售人员切忌唱"独角戏",不给客户说话的机会。要一边说一边观察客户的反应,提一些问题了解客户的需求,以确定自己的说话方式。

谈话总是在特定的情景氛围中进行的,语境能影响谈话双方的情绪乃至说话效果。这些特点又决定了说话人必须注意根据语境的需要来选择话题和语言方式,如果谈话内容或方式不合时宜,必遭客户"侧目",也将妨碍实现其销售目标。

案例点拨

如何正确运用销售语言,在当今社会中得到了越来越多的关注。很多企业都纷纷花大力气去培训员工,一方面是为了提高员工的素质,适应现代社会的需要,另一方面是为了给客户提供最尊贵的服务。其实服务很简单,别把销售当成一种钱物交易,而是把它当作人与人之间的一种感情交流,用爱心、诚心、耐心向客户提供超值服务。只有把客户当作亲人来接待,多一份感情,才会多一份成功。

"案例导入"中林彬没有使用通俗易懂的语言与李先生进行沟通,一连串的字母简称使李先生听不懂,双方产生了巨大的沟通障碍,最终迫使李先生选择放弃。

素养训练

认真查找自己在应用语言时有哪些可能违反销售语言要求的地方,然后制订出详细的整改计划。

主题 3.3　服务用语的使用

 学习目标

我们将学习到……

◇ 常见的服务用语

◇ 恰当的称呼

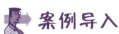 **案例导入**

何晓从某学校毕业后在一家银行任大堂主管。一天上午，一位客户到营业厅打印存折，之后就向他抱怨。

客户："我每个月交费扣款的项目很多，存折上什么都没有写，也不知道扣的是什么款。是不是故意这样做的，觉得老百姓好糊弄？"

何晓："您仔细看过存折了吗？"

客户："有什么好看的，都是些数字？"

何晓："请您翻到最后一页，看看？"

客户："原来有说明哦！"

何晓对照代码说明逐一讲解存折上的代码意思,最后还和气地说:"以后还有什么不清楚的地方,请随时来找我。不好意思,给您添麻烦了。"

客户很不好意思地离开了营业厅。

 **想一想**

何晓这样处理客户的抱怨,妥当吗?

 应知应会

对销售人员而言,语言已不仅是一种交流工具,也是一种服务工具。语言水平的高低,直接反映出销售人员的精神面貌和文明程度,反映出所属企业的服务水平和管理水平。掌握最常用的服务用语,为客户提供更优质的服务,是每个销售人员的一项重要的基本技能。

一、常见的服务用语

最常见的服务用语有八句,称为"八句文明用语",把它们熟练掌握并运用在各种不同的场景中,将会塑造出良好的语言沟通环境。八句文明用语如下:

欢迎光临!

请稍候!

久等了!

不好意思!

明白了!

对不起!

谢谢!

欢迎下次再来!

八句文明用语具体在以下语境中使用:

"欢迎光临!"一般是在所有销售服务工作场合迎接客户的第一句话,言外之意是:"谢谢您从众多商家中选择我们。""有什么要求请尽管说,我们的工作肯定会令您满意。"大方地、有节奏地说出"欢迎光临"会给客户留下一个非常好的第一印象。

"请稍候!"要避免用"请稍等",因为客户可能会接上话茬说:"等到什么时候啊?"而相对来说,"稍候"这个词从心理感觉上就显得短一些。

"久等了!"只要出现需要让客户等待的事情,就一定要真心诚意地走到客户面前,并以歉意的语气说"让您久等了。"并迅速地进行接下来的服务,以示诚意。

"不好意思!"要用谦虚的姿势向客户表达自己的歉意。当需要客户等待、出现差错的时候,都可以微笑着说"不好意思"。

"明白了!"当了解了客户要求以后,可以说"好的,明白了",要向客户传达"没问题,请交给我吧!"的那份自信和热情。如果扭扭捏捏地说"我明白了",就好像有什么不安,难以让人信任。

"对不起!"每个人都会因自己的失误而担心会给对方带来麻烦,会干脆地说出"对不起",这份由衷的歉意,往往会容易得到对方的原谅。如果不说或者扭扭捏捏地说,就会让对方有一种不情愿的感觉,甚至这份歉意是装出来的一样。

"谢谢!"说"谢谢",要说得干脆利索,要注意表达谢的力度,第一个谢字要音调提高,第二个谢字音调可以适当降低一点,整体节奏要协调,同时面带微笑。这样的"谢谢"说出来才会有感染力。不可以勉勉强强,半天挤不出一个"谢"字。

"欢迎下次再来!"这是恭送客户的话。说这句话的时候,不仅是出于一种礼貌,更要体现出一种自信。自信的是所提供给客户的商品和服务应该能让客户满意。这种满意,能使客户有需求的时候,还会再来。这种说法,无疑比"再见""您慢走"更具感情色彩。

二、恰当的称呼

使用文明服务用语的同时,必须配合对应的称呼。作为销售人员,称呼要亲切、彬彬有礼,而且要准确恰当、规范适度,这样才能体现出对客户的尊重和热情。这是和客户进行良好语言沟通的开始,是"一开口就喜欢"的秘诀。试想,只说"欢迎光临",有人会发出疑问:"你在跟谁说呢?"缺少主语,也就是个病句。

(一)普通称呼

普通称呼一般有"小朋友""先生""女士""您"等常见的称呼。"您"是日常服务工作中使用频率最高的称呼。

在销售服务过程中,经常还涉及要称呼客户的姓名或姓。准确地称呼出客户的姓名或姓是销售人员的基本素质要求,能体现销售人员的专业水平和认真态度。如果在客户姓名或姓后加一般称呼会让客户听起来更加亲切,产生受尊敬的感觉。

通过适当的途径了解客户的姓名,并在服务过程中称呼他们的姓名,这是和客户建立良好关系的第一要务,是拉近和客户关系的有效方法。能直接称呼姓名的客户越多,说明销售服务做得越好。另外,工作中还时常需要涉及对别人的称呼,通常情况下不要直接称呼"他"或"她",应当称呼为"那位先生""那位女士"。对不在场或不相关的客户的热情和周到会让在场的客户感受到你的敬业和真诚。

 特别提醒

对被称呼人的年纪、辈分、婚否以及与其他人的关系都要注意作出正确判断。例如,将未婚妇女称为"夫人",就会引起客户不满。

（二）一些国家的不同称呼

1. 美国

美国人喜欢自由和随便，所以在和美国人打交道的时候，刚开始接触时互相很陌生应适当用正式的尊称，等熟悉以后，美国人则喜欢别人直接称呼他的名字，这样会让他感到亲切和自然。但称呼的变化并不代表销售服务工作可以变得"随意"，否则就适得其反了！

2. 德国

对美国人可以称呼其姓名，但对德国人则千万不要直呼其名，除非得到他本人允许。因此，称呼德国人的名字最好前面加头衔。

3. 俄罗斯

俄罗斯人见面时要称呼对方的名字和父名，光称姓是不礼貌的。

4. 英国

英国人比较严谨，过于随便的称呼是不适宜的。不仅如此，英国人不喜欢把他们通称为英国人，而应该称他们为"大不列颠"人，因为英国有英格兰人、威尔士人、苏格兰人和爱尔兰人。

5. 泰国

泰国人不是按姓来称呼对方的，他们习惯按名来称呼对方。

案例点拨

在服务过程中，文明用语是销售人员的基本语言，体现了销售人员的基本素质和道德修养，同时文明用语也是对客户的尊重和热情的具体化表现。要想得到别人的尊重，首先要学会尊重别人，这样才能赢得客户的好感和认可，服务才会被客户接受和肯定。销售人员的语言直接影响到客户的情绪，而客户其实就是服务工作的"市场"，失去了这个市场，必将危及企业的生存与发展。

"案例导入"中的何晓以热情的态度，耐心地聆听客户的抱怨，并引导客户消除异议，正是文明用语的一个典范。

素养训练

假如你是何晓，学习了服务用语的使用后，你会如何处理客户的抱怨呢？请一位同学扮演客户现场模拟完成。

主题 3.4　服务用语的规范

 学习目标

我们将学习到……
◇ 普通话的规范要求
◇ 服务过程中的规范用语

 案例导入

某学校毕业生晓斌应聘到一家公司当业务员。晓斌上班第一天,恰逢公司在商场做月饼中秋促销活动,他很兴奋,于是热情洋溢地介绍:"公司促销活动,月饼 4 元钱10 个。"很多人都围上去买这"便宜"月饼,而到付钱时,才明白月饼是 10 元钱 4 个,客户大呼上当。

 想一想

晓斌第一天销售月饼为什么会失败?

 应知应会

商务活动语言的标准规范,主要是指语言三要素(语音、词汇和语法)的规范,它是说话中所用的语音、词汇、语法必须遵循普通话的规则。语音的规范化主要是通过普通话的表达来体现的,而词汇和语法的规范化主要是通过一些常用的基本用语在不同场合的使用而体现出来的。

一、普通话的规范

普通话的要求重点体现在两个方面:一是标准,要求吐字清晰,字正腔圆,至少达到普通话二级甲等的水平;二是声音,例如在商场购物的时候,经常听到有客户说"这个销售人员声音好甜啊"。要练就这个"功夫"就需要多听多练习。

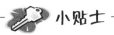 **小贴士**

练好普通话应遵循的原则

(1) 大胆开口讲普通话。

(2) 学好汉语拼音。

(3) 坚持讲普通话,在交流中不断纠正自己发音不准的字词。

(4) 遵循互教互学、能者为师的原则,自觉地、有意识地向广播电台、影视节目中播音员、节目主持人、演员及普通话标准的人学习。

(5) 努力使普通话成为自己生活和工作的环境语言。

二、服务过程中的规范用语

(一) 问候语

在不同时间段见到客户应问候"您好""早上好""晚上好",对外宾用英语问候"您好""早上好""晚上好",在接听电话时应说"您好,这里是××部(室)",在迎接客户时应说"欢迎光临"。

 **小贴士**

问候语的由来

据史料记载,我国古代最早的问候语是"无它乎"。在那时的语言中,"它"指的是"蛇"。在出土的商代青铜器上,"它"字在其铭文中就是弯弯曲曲的蛇形。人类学家和考古学家认为,在我们的祖先还没有学会造房的时候,居住条件是原始、简陋的。他们或住在天然洞穴,或挖掘洞穴而栖身。在这样的居住条件下,爬行动物,尤其是蛇就成了人们身体健康甚至生命安全的最大威胁。许多人常会在熟睡中被咬伤,甚至丧失生命。"无它乎"的意思就是说"你没有被蛇咬着吧"。《后汉书·马援传》中就有"望见吉,欲问伯春无它否"之句,可见古人用"无它乎"来相互问候平安。

(二) 道别语

销售服务人员在为客户办理相关手续时,应说"谢谢,祝您××愉快",根据客户在现场的情况酌情加"如有事需要我做,请尽管吩咐,我们将随时为您提供服务或请拨打电话××××"。

销售服务人员在完成客户交办的事情离开时,应说:"您还有什么事需要我做,请尽管吩咐,我们将随时为您提供服务。"

客户在各收银点结账完毕时,应说:"谢谢,欢迎再次光临/光顾。"

对到各消费场所只参观不消费的客户离开时说:"再见/请您慢走。"

当客户结束消费和活动离开营业区域时,应说:"再见,请走好/请慢走,欢迎再次光临/光顾。"

送年迈的客户或行动不便的客户出门时,一定要讲"请慢走";如遇雨、雪天气,应说"再见,当心路滑,请慢走""再见,请慢走";如与司机认识,与其道别时应加"天气不好,请慢开"等。与客户通话完毕后,应说"再见"。

 特别提醒

当与英美人道别时千万不要说"您走好""您慢点走""路上小心"等标准的中式道别,英美人听了会感到刺耳,无法理解这些话。他们会认为这是在命令他,同时也是在怀疑他的生活能力,把他当作小孩子看。

（三）道谢语

当得到客户的帮助或客户配合而顺利完成工作时,应说"谢谢"。

当客户对销售服务不周表示理解时,应说"不好意思,谢谢"。

当得到客户称赞时应说"谢谢您的鼓励(夸奖)/谢谢,这是我们应该做的"。

（四）致歉语

服务不够周到,向客户表示歉意时,应说"对不起"或"对不起,请原谅,给您添麻烦了";打扰客户时,应说"对不起,打扰了"或"对不起,请原谅,给您添麻烦了"。

让客户等候之前应说"对不起,请稍候"。让客户等候之后应说"对不起,让您久等了"。

未及时到达现场,未能立即为客户提供服务或客户需要的物品不能立即到位时,应说"对不起,让您久等了"。

当客户接受道歉时,应说"对不起,非常感谢,给您添麻烦了";当客户对道歉仍不满意时,还是应该说"对不起,非常抱歉,给您添麻烦了"。

当因出现工作失误(如碰着客户,或客户交办的事情出现差错)或实在无法满足客户的要求,致以深层次歉意时,应说"实在对不起,给您添麻烦了"或"对不起,非常抱歉,给您添麻烦了",后附带解释原因。

来访客户到企业找人,如不在,应说"对不起,×××不在,请问有什么事我可以帮您做吗"。行进途中超过客户时应说"对不起"或"对不起,不好意思"。

（五）谦语、敬语

当客户表示歉意时,应说"没关系,谢谢"。

当客户表示感谢时,应说"不客气,这是我应该做的"。

询问客户姓氏时,应说"请问我可以怎样称呼您"。

当发现客户在观望、徘徊时,应主动上前询问:"您好,请问有什么事需要我做吗?"

给客户提供服务时,必须"请"字不离口。

与客户谈话时需请客户说话,应说"请讲";如自己正在讲话,而客户欲说话,应立即停止,请客户先讲并说"请讲"。

在路窄处有客户要超过自己或与客户迎面相遇时,应侧身礼让,并说"您请"。

与客户一同进出门口(楼座、电梯、房间等)时,应说"您先请""您请"。

对未结束消费的客户在进出门口时,应说"您好"。

案例点拨

在商务活动中,使用规范化的语言,不仅能较好地体现语言表达者的文明礼貌素养,使表达的语言亲切、热情而又明确、简练,同时,还能有效减少语言表达的随意性,避免失误。"案例导入"中晓斌的经历表明,销售人员必须学好用好普通话,注意服务用语使用过程中的规范,展示自身职业素质,提升服务水平和档次。

素养训练

在班级里举行商品展销会,向同学推销你的商品。服务用语是否规范,请同学帮你记录下来并加以分析。

_____

_____

_____

_____

_____

回 顾 总 结

　　本单元重点介绍了服务用语的类型、基本要求、使用的正确方法以及使用过程中的规范用语，树立和培养用好服务用语的意识，在各种场景中灵活应用服务用语，从而为客户提供优质服务。

拓 展 训 练

　　利用周末时间到所在城市服务最好的场所(如百货商场、大型超市、银行等)，进行服务用语的收集，并总结归纳，供大家分享。同时将心得体会记录下来。

_____

_____

_____

_____

_____

_____

礼义之始，在于正容体。

——《礼记》

单元 4 商务形象礼仪

 任务设定

1. 仪态礼仪
2. 服饰礼仪
3. 仪容礼仪
4. 言谈礼仪

主题4.1 仪态礼仪

 **学习目标**

仪态礼仪

我们将学习到……
◇ 优雅适宜的体态
◇ 自然得体的神态
◇ 正确礼貌的体语

案例导入

一天,建明身穿T恤,手拿企业新设计的照明器材样品,兴冲冲地跑到一家贸易公司推销。他来不及拭去脸上的汗珠,就直接走进了业务部张经理的办公室,把正在处理业务的张经理吓了一跳。建明赶紧对张经理说:"这是我们企业设计的新产品,请你过目。"张经理停下手中的工作,接过建明手中的样品,随口赞道:"好漂亮呀!"并请建明坐下,倒上一杯茶递给他。建明看到张经理对新产品如此感兴趣,如释重负,便往沙发上一靠,跷起二郎腿,一边吸烟一边悠闲地环视张经理的办公室。当张经理问他电源开关为什么装在这个位置时,建明习惯性地用手挠了挠头皮。尽管建明做了详尽的解释,张经理还是半信半疑。最后张经理托词离开了办公室,只剩下建明一个人。

想一想

建明此次推销没有成功。请分析建明失败的原因在哪里。

 应知应会

仪态是指人在交往活动中的举止,即所表现出的表情、神态、姿态和动作,是一个人的风度和修养的重要表现,体现出一个人的礼貌修养,对一个人魅力的形成具有重要的作用。

一、优雅适宜的体态

在商务活动中,身体姿态的调整与变化,往往涉及礼貌、个人风度与教养和信息传达等几个方面的问题。正确而优雅的姿态给人以美好印象,不正确、不得体的姿态则会显得不文雅,甚至失礼。

（一）优美的站姿
优美的站姿能衬托出一个人的气质和风度。站姿的基本要求是挺直、舒展、线条优美、精神焕发。

1. 规范的站姿要领

身体保持正直,双腿并拢;将下颌抬起,两眼平视前方;挺胸收腹,双肩放松,保持水平;双臂自然下垂,放在身体两侧。

2. 应避免的站姿

应避免的站姿主要包括:两脚分得太开;交叉两腿而站;一个肩高一个肩低;松腹含胸、屈膝;脚在地上不停地划弧线;斜靠在物体上。

(二)优美的走姿

走姿是站姿的延续动作,是在站姿的基础上展示人的动态美。走路往往是最引人注目的身体语言,也最能表现一个人的风度和活力。

1. 规范的走姿要领

走的时候,头要抬起,目光平视前方,双臂自然下垂,手掌心向内,并以身体为中心前后摆动。上身挺拔,腿部伸直,腰部放松,脚步要轻并且富有弹性和节奏感。

2. 应避免的走姿

应避免的走姿主要包括:弯腰驼背,大摇大摆,左右摇晃,双腿呈内八字或外八字,脚拖在地面,膝盖弯曲,双手插裤兜,左顾右盼。

(三)高雅的坐姿

1. 高雅的坐姿要领

高雅的坐姿传递着自信和热情,同时也显示出庄重的良好风范。

(1)入座时轻而缓,背部接近座椅。在别人面前就座,应背对着自己的座椅入座,以避免背对着对方。

(2)坐好后,注意头部位置的端正,不要出现仰头、低头、歪头、扭头等情况。整个头部看上去,要如同一条直线一样,和地面相垂直。

(3)起身离座时,动作应轻缓,不要"拖泥带水",弄响座椅,或将椅垫、椅罩弄掉在地上。

2. 应避免的坐姿

应避免的坐姿主要包括:架腿方式欠妥;双腿直伸出去;抖动腿部;脚尖指向他人;以手触摸脚部;双手抱在腿上;上身向前趴伏。

二、自然得体的神态

人与人之间要保持和谐的关系,最简单又行之有效的办法就是展现真诚的微笑,实现眼神的有效交流。

(一)展现真诚的微笑

在笑容中,微笑最自然大方,最真诚友善。人们普遍认同微笑是基本笑容或常规表情。保持一个微笑的表情、谦和的面孔,是表示自己真诚、守礼的重要途径。

1. 微笑的作用

(1)表现心境良好。面露平和欢愉的微笑,说明心情愉快,充实满足,乐观向上,善待人生,这样的人才会产生吸引别人的魅力。

(2)表现充满自信。面带微笑,表明对自己的能力有充分的信心,以不卑不亢的态度与人交往,使人产生信任感,容易被别人真正地接受。

(3)表现真诚友善。微笑反映自己心底坦荡,善良友好,待人真心实意。微笑可以表现出温馨、亲切的表情,形成融洽的交谈氛围。

(4)表现乐业敬业。在工作中,微笑说明心地平和,工作时心情愉快;微笑是有自信心的表现,对自己的工作能力抱积极的态度。

2. 微笑的展示

(1)发自内心的微笑,会自然调动人的五官,令人感到亲切、愉快。

(2)微笑必须注意整体配合。微笑虽然是简单的表情,但要真正地成功运用,除要注意口形外,还要注意面部其他部位的配合。一个人在微笑时,目光应当柔和,双眼略为睁大;眉头自然舒展,眉心微微向上扬起。这就是人们常说的"眉开眼笑"。

 小贴士

微笑的训练

(1)放松面部肌肉,然后使嘴角微微向上扬起,让嘴唇略呈弧形。最后,在不牵动鼻子、不发出笑声、不露出牙龈的前提下,轻轻一笑。

(2)闭上眼睛,调动感情,并发挥想象力,或回忆美好的过去或展望美好的未来,使微笑发自内心,有感而发。

(3)对着镜子练习。使眉、眼、面部肌肉、口形在笑时保持和谐。

(4)当众练习法。按照要求,当众练习,使微笑规范、自然、大方,克服羞涩和胆怯的心理,也可以请观众评议后再对不足进行纠正。

(二)实现眼神的交流

眼神是最富于表现力的一种身体语言。眼睛是心灵的窗户。眼神能够明显、自然、准确地展示自身的心理活动。学会用眼睛说话,无疑会使你在商务活动中更胜人一筹。

1. 视线的范围

人在注视的时候是有一个范围的。在这个范围内,对方可以明显感觉到你对他的尊重和重视,同时你也不会感到拘谨和不自然。对于商务场合来说,目光注视范围主要有两种:一种

是公务注视范围,另一种是社交注视范围。

（1）公务注视。公务注视是在洽谈业务、贸易谈判或者磋商问题时所使用的一种注视。这个区域是以两眼为底线、额中为顶点形成的一个三角区。如果你看着这个区域就会显得严肃认真,对方也会觉得你有诚意;在交谈时如果目光总是落在这个注视区域,将有助于把握住谈话的主动权和控制权。

（2）社交注视。社交注视的范围是以两眼为上线、唇部为下顶点所形成的倒三角形区域,通常在一般的商务交往场所使用这种注视。当你和人谈话时注视着对方的这个部位,能给人一种平等而轻松的感觉,可以创造出一种良好的社交气氛,像一些茶话会、舞会和各种友谊聚会的场合中,就适合采用这种注视。

 特别提醒

正确运用眼神的要领如下:

应该用平和、亲切的目光语言,既不目光闪烁显得激情过度而近乎做作,又不目光呆滞而显得敷衍应付。

2. 应避免的眼神

（1）"盯视"。"盯视"在某些特定场合,是作为心理战的招数使用的,在正常商务场合贸然使用,便容易造成误会,让对方有受到侮辱甚至挑衅的感觉。

（2）"睐视"。"睐视"是一种不太友好的身体语言。它除了给人有睥睨与傲视的感觉外,也是一种漠然的语态。

（3）回避。刻意回避对方的眼光或用眼睛瞟来瞟去,会让对方觉得你不专心、心虚,从而使对方难以产生信任感。

（4）斜视。斜视表示轻蔑。

此外,俯视常表示羞涩;仰视表示思索;正视体现庄重。这些都需要根据场合恰当把握。

可见,眼睛的语言,表现出一个人的品质和修养。一个有教养的人会善于控制自己的情感,不轻易让不利于交往的情感从眼神里流露出来。

三、正确礼貌的体语

无论你是在会议室还是宴会厅,你的身体语言就已经悄然地和别人进行交流了。通过走路的姿势、站姿、坐姿、表情、目光,你已经无声地告诉别人,你是充满自信的人,还是消极对待人生的人。

（一）手势语言的运用

手所表达出的语言信息最为丰富,所以往往是身体语言的焦点。正如心理学家弗洛伊德所说的,"凡人皆无法隐瞒私情。尽管他的嘴巴可以表示缄默,但他的手指却会多嘴多舌。"

 特别提醒

手势语言及其表达的信息

手势语言	表达的信息
双臂交叉,用一只手握住另一只胳膊	紧张期待
把手放在脑袋后边	有意跟别人辩论
用手指敲击桌子	很无聊或不耐烦
轻轻抚摸下巴	考虑
手指握成拳头	小心谨慎,情绪有些不佳
双手忙个不停(没事找事做)	一种无言的拒绝
手放在腰上	动怒
双手置于双腿上,掌心向上,手指交叉	希望别人理解,给予支持
用手拍拍前额	健忘
……	……

（二）头部体态语的表达

因为头部集中了所有表情器官,所以往往是人们关注、观察身体语言的起点。

 特别提醒

头部语言及其表达的信息

头部语言	表达的信息
微微侧向一旁	对谈话有兴趣,正集中精神在听
挺得笔直	对谈判和对话人持中立态度
低头	对对方的谈话不感兴趣或持否定态度
身体直立,头部端正	自信、正派、诚信、精力旺盛
头部向上微仰	希望、谦逊、内疚或沉思
头部向前	倾听、期望或同情、关心
头部向后	惊奇、恐惧、退让或迟疑
点头	表示赞同
头一摆	快走
……	……

案例点拨

"案例导入"中,建明推销失败的原因主要在于以下几个方面:

(1)在拜访客户时,着装上应当端庄大方,不应该穿 T 恤衫。

(2)在商务拜访中,应先与对方预约一下,然后再登门拜访。

(3)建明在进张经理的办公室前应该先整理一下自己的仪容,把汗擦干净,进门之前应先敲门,等里面的人说"请进"以后,再进入。猛然闯进去吓人一跳是违背尊重他人原则的,是不礼貌的。

(4)建明坐在沙发上不应该跷起二郎腿,因为第一次见面,这样的坐姿是不礼貌的,更不应该在没有征得主人同意的情况下吸烟。

(5)习惯性地挠头皮的动作既不卫生,又让人感到作为一个推销人员的不自信和对自己产品业务知识方面的不熟悉。

素养训练

伴随着不同的心态,每个人都会或多或少地表现出各种各样的小动作,而恰恰是这些小动作会把你的心态暴露无遗。假如你看到一个人有以下这些小动作(见表4-1),你认为他表达的信息是什么?

表 4-1　小动作及其表达的信息

小动作	表达的信息
就座后频频把玩自己的衣饰	
反复地摆弄笔或者其他小物品	
频繁地小范围内移动身体	
以手掩口	
把硬币、钥匙弄得叮当响	

主题 4.2　服 饰 礼 仪

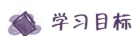

学习目标

我们将学习到……

◇ 女士商务着装礼仪

◇ 男士商务着装礼仪

◇ 商务场合配饰礼仪

 **案例导入**

丽芬毕业以后,在国内一家进出口贸易公司工作。有一次,上级派她代表公司前往南方某城市去参加一个大型的外贸商品洽谈会。丽芬对此次洽谈会非常重视,为了慎重起见,她特地向一位懂得形象设计的好友咨询有无特别需要注意的事项。好友马上向她指出,不要穿牛仔裤,赶紧取下脖子上那条粗重的金项链,换上一套合体的西装套裙。丽芬听了觉得很有道理,按照好友的建议重新着装,面貌顿时焕然一新。到了会场,丽芬的新形象使她大获成功。

想一想

丽芬的新形象为什么会让她大获成功?

应知应会

一、女士商务着装礼仪

在过去,崇尚西方传统社交礼仪的商界人士认为,女性在正式场合穿裤装是不合适的,但随着女性社会地位的提高、职场女性人数占比的加大以及人们对服饰审美观念的转变,女性在商务着装上有了更多选择。

（一）职场服饰的选择

1. 款式

不同于过去,女性商务着装仅能选择西装套裙。但以当前的审美来看,全身统一的西装套装稍显单调、呆板。现在,女性在挑选商务着装时,除了西装、衬衫、套裙等,甚至还可以选择带有"职场元素"的连衣裙、西装裤等。

2. 造型

商务着装需要塑造出着装者专业、可靠、稳重的形象,因此在造型时应避免夸张、暴露、居家、幼稚等风格。

3. 色彩

色彩应当清新、雅致而凝重,以黑、灰、蓝、白色等最为常见,以体现出女性特有的典雅、端庄和稳重。

 **小贴士**

商务着装的穿着要领

（1）大小适度；

（2）干净整洁；

（3）兼顾动作方便。

（二）女士商务着装细节

（1）应该尽量避免穿无领、无袖、太紧身或者领口开得太低的衣服。此外，衣服的款式要尽量合身。

（2）女士在选择丝袜以及皮鞋的时候，丝袜的长度一定要高于裙子的下摆，皮鞋应该尽量避免鞋跟过高或过细。

（3）女士在选择佩戴饰品的时候，应尽量避免过于奢华，饰品数量不宜过多。

二、男士商务着装礼仪

在商务场合中，西装是男性在正式场合着装的优先选择。按照惯例，越是正规场合，越讲究穿单色西装。

（一）西装的挑选

1. 面料

西装面料的选择应力求高档，毛料是首选。尽量避免选择不透气、不散热、发光发亮的各类化纤面料西装。

2. 色彩

西装的色彩必须显得庄重、正统，而且还应当是单色无图案的，深蓝色是首选。另外，还可以选择灰色或棕色的西装。

3. 尺寸

不管西装品牌知名度有多大，只要它的尺寸不适合自己，就坚决不要穿，否则反而会有损个人形象。衣袖不要过长。长度上，最好是在手臂向前伸直时，衬衫袖子能露出 2～4 厘米。衣领不要过高。一般在伸直脖子时，衬衫领口以外露 2 厘米左右为宜。

（二）西装的穿着

西装的穿着非常讲究，有"西装七分在做，三分在穿"之说。穿着西装时应注意以下几点：

1. 拆除商标

穿西装前，不要忘记把上衣袖口处的商标或质地说明的标志拆掉。

2. 熨烫平整

穿西装除了要定期对西装进行干洗外,还要在每次穿之前,进行熨烫,以免使西服又皱又脏。

3. 扣好纽扣

根据西装的着装惯例,单排扣式西装最下面的那粒纽扣应当不系,双排式西装要把全部纽扣均系上。

4. 避免卷挽

不可以当众随心所欲地脱下西装上衣,也不能把衣袖挽上去或卷起西裤的裤筒,这些都是粗俗、失礼的表现。

5. 用好衣袋

为使西装在外观上不走样,应避免往口袋里装东西。因为上衣两侧的衣袋只作装饰用,一般不装物品。

6. 穿好衬衫

衬衫领子要挺括,不能有污垢、油渍。衬衫的下摆要塞进裤腰里,系好领扣和袖扣。衬衫领子与衣袖要稍长于西装领子与上衣袖 1~2 厘米,以显示穿着的层次。衬衫里面的内衣领子和袖口不能外露,否则,会显得不伦不类,很不得体。

7. 系好领带

领带是西装的灵魂,是男士西装最抢眼的饰物。简易的"一拉得"领带,不适合在正式商务场合使用。领带结应打得挺括、端正,并且在外观上呈倒三角形,在收紧领带结时,可有意在它的下面压出一个窝儿,这样看起来更加美观、自然。领带结的具体大小,要和衬衫衣领的大小形成正比。正式隆重场合要系黑领结或白领结。

8. 穿好皮鞋

在正式场合穿黑皮鞋,一般应穿皮底鞋,不穿软底或胶底鞋等。假如穿着一套整齐的西服,系着领带,而脚上却穿一双凉鞋,肯定会被人视为不伦不类。

三、商务场合配饰礼仪

随着人们生活水平的不断提高,各类饰物逐渐走进人们的家庭,装点人们的服饰,增添新时代人们的风采。但是各类饰品的佩戴必须符合一定的礼仪规范和佩戴原则,才能起增强魅力、展示高雅的效果,否则就有可能弄巧成拙,事与愿违。

（一）首饰的佩戴

1. 注意场合

佩戴首饰一定要注意场合。参加晚会或外出作客时,可佩戴大型胸针、戴宝石坠的项链、带坠的耳环等。这些饰品在灯光下使人显得更有魅力。平日里可戴小型的胸针、串珠、耳环等。从事商务活动和出席会议时,应选择小而精致的简洁款,佩戴的饰品数量不宜超过 3 种。

2. 注意协调

佩戴首饰要与服装以及本人的外表相协调。一般穿着考究的服装时,不能佩戴昂贵的首饰。服装轻柔飘逸,首饰也应小巧玲珑;穿着运动装、工作服时不宜佩戴首饰。胖脸型的女性不宜戴大耳环。戴眼镜的女性不宜戴耳环。圆脸型的女性项链加上一个细长的小挂件,有使脸型显得修长的效果。

3. 注意寓意

佩戴首饰要注意其寓意。项链是平安、富有的象征,要根据身材和个性特点,选择适当的款式和色彩。戒指是首饰中最明确的爱情信物,戒指一般只戴在左手,而且最好仅戴一枚,至多戴两枚。戴两枚戒指时,可戴在左手两个相邻的手指上,也可戴在两只手对应的手指上。有的人手上戴了好几枚戒指,以炫耀财富,这是不可取的。

 特别提醒

戒指的戴法

戒指戴在中指上,表示已有了意中人,正处在恋爱之中;

戒指戴在无名指上,表示已订婚或结婚;

戒指戴在小手指上,暗示自己是一位独身者;

戒指戴在食指上,表示无偶或求偶。

（二）饰物的使用

围巾、帽子、腰带、袜子、提包等物品,本来是为其实用性而使用的,但随着人们穿着审美品位的提高,这些物品的装饰作用越来越被重视。

1. 围巾和帽子

围巾和帽子对服装的整体美影响很大。围巾、帽子与服装的风格一致,可以使整体形象更加和谐。在冬季,人们穿着服装色彩较暗,可以用颜色鲜艳的围巾和帽子点缀,使整体形象生动、活跃起来。

2. 腰带

腰带更重要的是装饰作用。男士的腰带一般比较单一,质地大多是皮革的,没有太多的装饰。穿西服时,都要扎腰带。夏季只穿衬衫并把衬衫下摆扎到裤子里去的时候,也要系上腰带。女性的腰带很丰富,但要注意和服装的协调搭配。

3. 袜子

男士穿着袜子的要求比较简单,颜色上一般倾向于深色的,如蓝、黑、灰、棕等。穿西装时,袜口不要露出来。女性的袜子情况则要复杂得多,女袜分为长袜、短袜。短袜一般只适用于穿长裤时穿,如果双腿皮肤没有缺陷的话,有时也可用于过膝短裤或裙装,但穿西装套裙时必须穿长袜。

4. 包

男士的包比较简单,较为常见的是公文包。公文包的颜色以黑色、棕色为主。如果从色彩搭配的角度来说,公文包的色彩和皮鞋的色彩一致,看上去就显得完美而和谐。除商标外,公文包在外表上不要带有任何图案、文字,包括真皮标志。手提式的长方形公文包是最标准的。

案例点拨

正确的着装、恰当的配饰是职场成功的关键。"案例导入"中的丽芬原先在着装方面的失礼之处主要在于着装与场合不适应。其原先配饰的选择也存在很大的失误,一条粗重的金项链不仅与服装不协调,也会使人对丽芬的品位产生怀疑。因此好友的建议使她及时发现了自己着装方面的问题,穿上合体的职业套装,赢得了客户的信任,因此在洽谈会上大获成功。

 素养训练

手帕也是装饰物。男士西装左上衣口袋里,露出折叠成三角形、三尖形、双尖形、花瓣式的手帕,令人平添风度。试着自己叠一叠,与同学比一比,看谁叠得最好。

主题4.3 仪 容 礼 仪

学习目标

我们将学习到……

◇ 成就发式之美

◇ 成就面容之美

案例导入

某中职学校的学生晓静到一家大酒店实习。她发现这家酒店管理非常严格,每天清晨都有班前会。班前会的一项重要内容就是员工仪容仪表检查,对仪容仪表检查不合格的提出批评指正。在办公室走廊的拐角处悬挂着一面大镜子,要每位员工对着镜子自信地说:"我是最美的。"在办公室还备有口红、眉笔、指甲剪等物品方便员工使用。

想一想

酒店这样做的用意是什么？

 应知应会

仪容主要指一个人的容貌。仪容是天生的,具有先天性,但也可以通过后天的改变来实现。它是与人的生活情调、思想修养、道德品质和文明程度相关的。人无法选择自己的容貌,但可以适当地修饰自己的容貌。

一、成就发式之美

头发是人体的制高点,很能吸引他人的注意力。头发整洁、发型大方是商务礼仪对发式美的最基本要求。整洁大方的发式易给人留下神清气爽的印象,而披头散发则会给人以萎靡不振的感觉。

 特别提醒

　　一个人所选的发式只有与自己的脸型、肤色、体形相匹配,与自己的气质、职业、身份相吻合时方能显现出真正的美。

（一）头发护理

头发暴露在外面,极易沾上脏东西,而且头皮皮脂腺经常分泌油脂,头皮细胞角化会形成头皮屑。因此,养护头发的根本办法是洗头,保证头发不粘连、不板结、无发屑、无汗馊气味。如果发现发梢开叉时,必须及时修剪。男性不但应经常洗发,还应经常理发和梳理头发。

 **小贴士**

发色的选择

　　发色对商务形象的塑造有重要影响。

　　男性的发色以黑色为宜。

　　女性可以选择染发,但在发色的选择上,需要综合考虑自己的肤色与职业形象,可以选择比黑色稍浅的深棕色、深褐色等,发色不宜过浅、过于前卫。

　　注意补染,以免原生发色与已染过的发色相差过大。

（二）发型选择

发型，即头发的整体造型。在理发与修饰头发时，对此都不容回避。选择发型，除适当兼顾个人偏好外，最重要的是考虑个人条件和所处场合。

个人条件包括发质、脸型、身高、胖瘦、年龄、着装、配饰、性格等。在个人条件里，脸型对发型的影响最大。选择发型时，一定要遵守适合自己的原则，使两者相互适应。

在社会生活里，人们的职业不同、身份不同、工作环境不同，发型自然也应该不同。在工作场合抛头露面的人，发型应当传统、庄重、保守一些；在社交场合频频亮相的人，发型则应当个性、时尚、艺术一些。

二、成就面容之美

面容之美有天生丽质和精神气质之分。不能把容貌美绝对化。俗话说："三分长相，七分打扮。"这说明美需要装扮。要成就面容之美必须注意清洁和适当的修饰。女子可以适当化妆，但以淡妆为宜，不能浓妆艳抹；男子每天要剃须修面，不留胡子。美容首先应符合自己的身份、年龄和职业，其次应根据自己的性格、气质和交际场合来选择科学的美容方法。

（一）健美的皮肤

天然优良的肤质，是任何经化妆品修饰的皮肤都无法比拟的。要想拥有光滑润泽、富有弹性的健美皮肤，必须注意以下几个方面：

1. 用正确的方法洗脸

除了早晨起床后、晚上睡觉前要仔细洗脸外，只要可能，都应抽出时间来清洁面部。

2. 保持乐观的情绪

人在笑的时候，面部表情肌肉舒展活动，促进血液循环，能够增强皮肤的弹性。

3. 注意合理的饮食

从食物中摄取的各种营养成分所起到的美容功效是任何化妆品所难以比拟的，而且使人获得的是一种健康的美。

4. 养成良好的习惯

多喝水可以使皮肤细嫩滋润，还要注意室内空气的湿润；睡眠充足会使人感到精神振奋，容光焕发，眼睛明亮有神。

5. 正确选用化妆品

选择化妆品因人而异，每个人要根据自己的皮肤性质选择，还要注意化妆品的质量。

（二）合理化妆

自然美固然值得崇尚，但恰如其分的妆容能使自然美得以更好地展现，让人更加赏心悦目，从而提高人的自信心。化妆的基本原则是简洁、淡雅、适度、庄重。

1. 正确认识自己

正确认识自己的目的是突出自己的优点,修饰缺点。人的五官比例应是"三庭五眼"。一个人的脸型如果符合这个比例,就会产生匀称感;如果不符合,就要在化妆时运用一定的技法进行调整和修补。

2. 以修整、自然为准则

生活中的美容化妆,以修整统一、和谐自然为准则,尽量突出自然美,切忌再造一副面孔,完全改变自我。应在自然基础上进行修整,使妆容源于自我,高于自我。浓妆艳抹,矫揉造作,过分的修饰,都是不可取的。

3. 不同的场合,不同的妆容

化妆的浓淡要视时间、场合而定。在白天、在工作时间、在工作场合,适合化淡妆。晚上,参加舞会、宴会等社交活动,可穿着艳丽、典雅的服装,在灯光照耀下妆色可浓些,可使用带荧光的化妆品。

4. 注意化妆的礼节

(1)除非不得已,忌在众人面前化妆,因为那是非常失礼的,是对他人的妨碍,也是不自重的举动。若需要修饰化妆,应在房间里。

(2)不要非议他人的妆容。每个人都有自己的审美情趣和化妆手法,切不可对他人的妆容评头论足。

(3)不要借用别人的化妆品,这既不卫生,也不礼貌。

(4)男士的化妆要能体现男子汉的气概,切不可搞得油头粉面、花里胡哨。

案例点拨

"案例导入"中的酒店这样做的用意,就在于恰当的发式选择和适度的面容修饰可以"透视"出一个人的修养和内在品质,甚至个人身后所代表的家庭、单位等更深层的内涵。仪容整洁是最基本的文明礼仪,是自爱和敬业的表现。员工良好的仪容可以折射出酒店精细到位的管理。

素养训练

离家前请查一查,做到了就在括号里打一个"√"。

头发:干净有型,没有头屑。　　　　　　　　　　　　　　　　　　（　　）

口腔:牙齿干净,口气清新。　　　　　　　　　　　　　　　　　　（　　）

指甲:干净整齐,没有锯齿状。　　　　　　　　　　　　　　　　　（　　）

衣服:纽扣系好,没有线头或褶皱。　　　　　　　　　　　　　　　（　　）

袜子:没有抽丝。　　　　　　　　　　　　　　　　　　　　　　　（　　）

内衣、衬衣:从外面看不见。　　　　　　　　　　　　　　　　　　（　　）

鞋:干净光亮,鞋跟没有磨破。　　　　　　　　　　　　　　　　　（　　）

主题 4.4 言谈礼仪

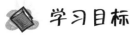

学习目标

言谈礼仪

我们将学习到……
◇ 寒暄与敬语
◇ 呼应与谦虚
◇ 内容与修饰
◇ 泛听与聆听

案例导入

5年前高峰从某学校市场营销专业毕业,一直担任某小公司的销售工作。他现到一家小公司应聘营销主管岗位,他的年龄、身体各方面条件都不错,正是该公司求之不得的合适人才。经过初步面试,经理非常满意。但临走时,经理又问了他一句:"以你的资历条件,完全可以到大公司任职,你怎么想到我们这里来?"高峰回答说:"贵公司管理方式先进,发展迅猛,我非常希望加入你们的团队。"高峰的回答很简单,但让经理非常满意。经理当场决定录用他。

想一想

高峰被录用是不是仅仅因为他的年龄、身体各方面条件都不错?

假设高峰回答说:"唉!别提了!我是虎落平阳。不然的话,你们来找我,我也不来。"请问这样会有什么样的结果?

应知应会

一、寒暄与敬语

音乐始于序曲,言谈始于寒暄。寒暄不仅是一种必不可少的客套,而且可以为交谈作情绪情感的铺垫。敬语,不仅可以表现使用者的修养,也可以为交谈的友好发展增添催化、促进的因素。

(一)问候寒暄

问候寒暄是交谈的导入阶段,是交谈的第一礼仪程序,也是人际关系发生、发展的起点。问候寒暄可以打破陌生双方的界限,缩短人与人之间的情感距离,导出交谈者之间的交谈话题。

商务场合最常见的问候语只有"您好!""你好!""Hi"。它们适用于一切场合,能在各种情景下、各色人物之间使用。如果双方要停下来交谈,问候语也可能比较具体。比如:"好久不见,你近来怎样?""你走以后,我们好想你呀!"

小贴士

选择适当的寒暄语

中国传统的问候寒暄语比较复杂,如可以问与吃穿住用行有关的,或夸奖与问候对象有关的内容。寒暄语越是具体越要考虑环境、交往对象和交往目的,使形式能为内容服务,也就是说,对不同的人应当使用不同的问候寒暄语。只有适当的问候和寒暄才能引起交际双方的交谈兴趣与欲望,才能活跃交谈气氛,使交谈友好、亲切地进行下去。

(二)多用敬语

美国前哈佛大学校长伊立特曾经说过:"在造就一个有教养的人的教育中,有一种训练必不可少。那就是,优美高雅的谈吐。"敬语是构成文雅谈吐的重要组成部分,是展示谈话人风度与魅力必不可少的基本要素之一。常用敬语主要用在以下场景中:

1. 相见道好

人们彼此相见时,开口问候:"您好!""早上好!"在这里,一个词至少对对方传达了三个意思:尊重、亲切、友好。同时也显示了自己的三个特点:有教养、有风度、有礼貌。

2. 托事道请

有求于人的时候,言语中冠以"请"字,会赢得对方的理解、支持。

3. 失礼致歉

现代社会,人际接触频繁,无论你多么谨慎,也难免有失礼于你的亲友、邻里、同事或其他人的时候。但倘若你在这类事情发生之后能及时真诚地说一声:"对不起""打扰您了",就可以化干戈为玉帛,缓解对方的敌对情绪。

4. 偏劳道谢

在对方给予帮助、支持、关照、尊重、夸奖之后,一声及时的"谢谢"是最有效的呼应。

二、呼应与谦虚

言谈之道,既要措辞文雅谦和,还要用一定的语言来表达理解和同情,唯有充满着温暖和同情的言语,才能使交谈双方通过相互呼应达到心理上的某种默契。

(一)情感呼应

与人交往言谈的成败,关键在于情感因素。当对方谈的与你的观点一致时,应当点头称

是,用"我有同感"或"英雄所见略同"等语言呼应;当对方讲到兴奋、喜悦之处时 ,应面带笑容,用"太有意思了""太对了"等言语呼应;当对方述说忧愁时,应面露伤感、同情与思虑,可用"换了我,我真不知该怎么办""真是难为你了"等言语给予呼应。

（二）保持谦虚

只有在交谈中谦虚礼让,多听少讲,先听后讲,才容易赢得对方的好感,才可能给人以诚恳谦逊、可以信赖、可以合作的印象。如果在别人需要用语言表达、宣泄思想情感时,我们若能自我克制一下,就能有效地满足别人的自我表现欲。而一旦我们把这种表现机会给予了对方,对方会因此宣泄而使自己的心理压力得到一定的缓解和释放,反过来会更加自觉地尊重和感谢我们。

 特别提醒

谦虚不是虚伪,更不是虚弱,而是放开胸怀包容他人,低下头来尊重他人。

三、内容与修饰

言谈要有内容,交往中需要不断开发新的令双方和谐愉快的话题与内容。有效地修饰说话内容,有声有色地表现谈话内容,会使说话者表现得更有礼貌和风度。

（一）内容恰当

（1）话题应尽量避开一些不宜在友好交谈中出现的事情,如疾病、死亡、暴力、黄色故事等。为防止尴尬,一般不要涉及个人隐私等方面的内容,如家庭背景、婚姻状况、财产状况、家庭关系等问题。若确需了解,也应委婉一些。

（2）话题要尽量符合交谈双方的年龄、职业、性格、心理等特点,如与一个新潮的年轻人谈"明星热"比较合适,但与一个因循守旧的人讨论这样的话题就不合适了。

（3）言谈应根据对象选择不同的表达方式。如:对待普通市民适宜用通俗易懂、最接近生活的日常语言与之交谈;对学问高深的人适宜用提纲挈领、逻辑严密的方式进行交谈。

（4）注意在已有的话题中寻找大家有兴趣的细节,使谈话更具创造性和吸引力,能保持谈话始终在趣味盎然中进行。

（5）言谈中对方显得无礼时要宽容克制,不能以牙还牙,出言不逊,恶语伤人,也不可斥责、讥讽对方。可能时可以好言相劝,使对方冷静;或者转移话题,讨论一些轻松的事情;或者暂时中止一下谈话,待对方情绪稳定后再寻找新的话题。

（二）有效修饰

1. 适度幽默

幽默是智慧、爱心和灵感的结晶,是一个人良好修养的表现。幽默能表现说话者的风度、素养,使人在忍俊不禁之中,借助轻松活泼的气氛赢得对方的好感。

 特别提醒

　　幽默既不是毫无意义的插科打诨,也不是没有分寸的卖关子、耍嘴皮子。幽默要在入情入理之中,引人发笑,给人启迪。

2. 善用情感

德国著名哲学家黑格尔曾经说过:"同样一句话,从不同人嘴里说出来,具有不同的含义。"其实,同一句话,即使是从同一个人嘴里说出来,也可能因音调、音色、音质、面部表情不同,而带有不同的含义,给人以不同的感觉。

 **小贴士**

说话的艺术

　　在说话时,只有语调平稳,音幅适中,音质柔和饱满,表情轻松自然,面带微笑,才能给人以客气、礼貌的感觉。

四、泛听与聆听

交谈的过程,只有把它看作既是自己说话表达的过程,又是自己倾听理解的过程,才是懂礼貌、有修养的。在一般的交谈活动中,听往往比说更重要。听可以分为泛听和聆听两种形式。无论是泛听还是聆听,只有掌握了一定技巧,才能符合礼仪规范。

（一）泛听

1. 尽可能多听

无论是什么人在我们面前讲话,都值得我们认真倾听,从而收集到与自身发展有关的信息。听多了,积累多了,自然会使我们产生灵感。

2. 有重点倾听

泛听并不是没有重点,如果条件允许,能够多听听专家名人的观点可以产生"听君一席话,胜读十年书"的奇异功效。另外,在与专家名人交谈时,举止要大方、稳重,做到虚心、耐心、专心。

（二）聆听

1. 创造环境

良好的环境是谈话顺利进行的基础,所以应尽量把谈话的环境安排到一个安静的地方进行,减少外界噪声的干扰。

2. 全神贯注

尽量不要做其他的事干扰对方的讲话。如果你一会儿接听手机,一会儿忙些别的事情,心不在焉,对方会很快对你失去信任。相反,若能自始至终全神贯注,让对方感受到你的理解与支持,会有助于对方说出自己的问题,然后心平气和地商量解决的方法。

3. 消除障碍

不要受情绪和当时气氛的影响,要消除心理障碍,避免先入为主的偏见,不要过早地做判断,要有平等观念和虚心意识,不要使对方感到窘迫、拘束。

4. 注意保密

言谈如果涉及隐私的事情,应当尽量保密。如果不能为对方保密,那么将失去他人对你的信任。能够为别人保守秘密,也是基本的做人准则。

5. 恰当插话

恰当地提出问题和插话,表明你对对方所谈内容的关心、理解、重视和支持,但不要打断对方的谈话。

案例点拨

高峰被录用的原因之一就在于他懂得言谈是一门艺术,是人际交往中重要的沟通手段。假如他回答:"唉!别提了!我是虎落平阳。不然的话,你们来找我,我也不来。"那么,经理就有可能会说"那么好了,就到此为止!我们庙小,不供大菩萨,请你另谋高就。"俗话说:"良言一句三冬暖,恶语伤人六月寒。"言谈是礼仪修养的重要方面,若想通过言谈达到预期目的,除了在表达上要词义准确外,还应注意认真倾听理解,措辞文雅谦和,达到以"礼"取胜的目的。

素养训练

请指出下列哪些做法是失礼的,并说明理由。

(1)只听你想听的部分。

(2)以全身的姿势表达你在认真听对方的说话。

(3)别人讲话时急于插话,打断对方的话。

(4)一边听对方说话一边考虑自己的事。

(5)听批评意见时容易激动,不让对方把话说完。

(6)对别人的话不感兴趣,就不听。

(7)对说话者如果有偏见就拒绝听他说话。

(8)即使对方地位低,也要对他持称赞态度,认真地听他讲话。

(9)因某事而情绪激动或心情不好时,一定程度地把自己的情绪发泄在他人身上。

（10）利用归纳法重述对方的思想，以免曲解或漏掉对方所传达的信息。

回 顾 总 结

　　本单元重点介绍了商务礼仪形象塑造的基本内容和方法。商务形象礼仪主要包括仪态礼仪、服饰礼仪、仪容礼仪和言谈礼仪四方面的内容。我们不仅要知道、了解，更要通过操作、实践来掌握，并以此来塑造良好的商务形象。

拓 展 训 练

　　1. 我们心目中美好的职业形象是什么样的？

_____

_____

_____

_____

_____

　　2. 结合所学专业谈谈我们该怎样才能塑造良好的职业形象。

_____

_____

_____

_____

_____

那些极其富有的人可以不在乎自己留给外界的印象,但我们中的大部分人却不能不在乎外界如何看待我们。

——戴安娜·斯宾塞

单元 5　商务见面礼仪

 任务设定

1. 介绍礼仪
2. 握手礼仪
3. 赠接名片礼仪
4. 馈赠礼仪

主题 5.1　介　绍　礼　仪

 学习目标

介绍礼仪

我们将学习到……

◇ 自我介绍的注意事项

◇ 自我介绍的五种形式

◇ 为他人做介绍的顺序

◇ 介绍的细节

案例导入

王朋从某学校市场营销专业毕业后已工作五年,现在是某公司的销售骨干。在腾飞公司的新产品推介会上,他碰到了老客户陈先生,此时王朋的新助理李刚恰好也在,于是王朋把李刚介绍给陈先生:"陈先生,您好! 这是我们部门新来的李刚,以后他的工作还请多多关照。""李刚,这是我们的老客户陈先生,他一贯对我们的工作非常支持。"此时,李刚非常谦虚地向陈先生问好:"陈先生,您好,很荣幸认识您,以后的工作还请多多指教。"陈先生面带微笑点头示意。

想一想

如果先把陈先生介绍给李刚可以吗?

 应知应会

在社会交往中,免不了要结识新的朋友,这可以通过"介绍"来实现。介绍是指从中沟通,使双方建立关系。介绍和被介绍,是经常被采用的社交形式。介绍的作用,不仅在于帮助扩大社交的圈子,消除不必要的误会,而且还能缩短人们之间的距离。

一、自我介绍

在许多社交场合,为了有意去接触某人,或为了多结交一些朋友,需要主动趋前把自己介绍给对方,这就是自我介绍。一般情况下,要掌握自我介绍的艺术,必须注意以下几个方面的问题:

（一）自我介绍要寻找适当的机会

要想使自我介绍取得成功,使自己能够给对方留下深刻的印象,并使其对自己产生好感,首先应考虑当时的特定场合是否适宜进行自我介绍。显然,若是对方正忙于工作,或是正与他人交谈,或是大家精力集中在某人或某件事情上的时候,作自我介绍有可能打断对方,效果往往不会太好。如发现对方心情欠佳,或疲惫不堪时,也不应上前打扰。如果对方一个人独处,或春风得意之时,他对你的自我介绍不仅能认真倾听,而且肯定会有良好的反应。此外,在大家闲谈的时候,或出现冷场的时候,抓住时机进行自我介绍,这样,在场的人就不会觉得很唐突,而会很乐意接受你的自我介绍。

（二）必须镇定而充满信心

自我介绍时,介绍者就是当事人,其基本程序是先向对方点头致意,得到回应后再向对方报出自己的姓名、身份、单位及其他有关情况,语调要热情友好,充满自信,眼睛要注视对方。如"您好,我是湖南湘潭××集团的业务员。"同时递上事先准备好的名片。介绍时要自然、大方,不要忸忸怩怩。一般人们对于自信的人会另眼相看,如果你充满信心,对方自然会对你产生好感;如果自我介绍时流露出羞怯心理,会使人感到你不能把握好自己,可能会使对方对你有所保留,彼此之间的沟通便有了障碍。

（三）根据不同的交往目的,注意介绍内容的繁简

自我介绍的内容,指的是自我介绍时所表述的主体部分。商务场合自我介绍的内容大体由三个要素构成:本人姓名全称、本人供职单位、本人职业(职务)。三要素简明扼要,能使他人对你初步有所认识。一般的自我介绍大都需要将三者一气呵成地报出来。须强调的是初次见面时的自我介绍,本人姓名一定要报全称,否则随便一句"叫我小张好了",就明显地带有不愿进一步深谈,拒人于千里之外的意思。

虽然自我介绍的内容由三个基本要素构成,但不一定每次都面面俱到,而应视交际需要来决定介绍的繁简。鉴于需要进行自我介绍的时机多有不同,因而进行自我介绍时的表述方法便有所不同。确定自我介绍的具体内容,应兼顾实际需要、所处场所,并应具有鲜明的针对性,切不可"千人一面",一概而论。依照自我介绍时所表述的内容的不同,自我介绍可以分为以下五种具体的形式:

1. 应酬式

应酬式适用于某些公共场合和一般性的社交场合。这种自我介绍最为简洁,往往只包括姓名一项。

"你(您)好,我叫张强。"

"你(您)好,我是李波。"

 小贴士

"您"和"你"的用法

汉语中"您"是敬辞,一般用于对长辈、上级的尊称。如果不是自己很亲近的亲友、同事,说话时一般要用"您"来表示尊敬。在相识了一段时间以后,年龄稍长的一方可以首先提出使用"你",表示双方的关系变得比较亲近、随便、不拘礼节了。和陌生人说话,不能使用"你",否则显得不懂礼貌,没有教养。

2. 工作式

工作式适用于工作场合。这种自我介绍包括本人姓名、供职单位及其部门、职务或从事的具体工作等。

"你好,我叫张强,是金洪恩计算机公司的销售经理。"

"您好,我叫李波,我在北京大学中文系教外国文学。"

3. 交流式

交流式适用于社交活动中。它一般用于希望与交往对象进一步交流与沟通的情况。交流式的自我介绍大体应包括介绍者的姓名、工作、籍贯、学历、兴趣及与交往对象的某些熟人的关系。

"你(您)好,我叫张强,我在金洪恩计算机公司上班。我是李波的老乡,都是北京人。"

"我叫王朝,是李波的同事,也在北京大学中文系,我教中国古代汉语。"

4. 礼仪式

礼仪式适用于讲座、报告、演出、庆典、仪式等一些正规而隆重的场合。礼仪式的自我介绍包括姓名、单位、职务等,同时还可加入一些适当的谦辞、敬辞。

5. 问答式

问答式适用于应试、应聘和公务交往。问答式的自我介绍,应该是有问必答,问什么就答什么。

(四)自我评价要掌握分寸

自我介绍时措辞要注意适度。有些人唯恐别人不识眼前"君子",一开始便炫耀自己的身份和博学多才,显得锋芒毕露,让人觉得夸夸其谈,华而不实;对自己所在的组织也大吹大擂,从而给人留下虚假、不诚实的印象,损害组织的声誉。有些人正相反,喜欢做一番自我贬低式的介绍,以示谦虚和恭敬。比如"鄙人才疏学浅"之类的话,其实大可不必。因为那样对方会以为是客套话,或觉得你言不由衷,故意摆摆噱头。西方人还可能会信以为真,认为你不屑一谈。只有实事求是,恰如其分地介绍自己,才会给人留下诚恳、坦率、可以信赖的印象。

除此以外,在作了自我介绍之后,对对方的自我介绍以及随后的交谈要表示出耐心与兴趣,尽量多谈一些对方感兴趣的事情。不要把对方当成一名听众,只顾自己侃侃而谈。以礼待人的态度要始终如一。

二、他人介绍

在社交场合想结识某人,还可以通过他人介绍。做介绍的人一般是主人或你熟识的朋友。当别人为你做介绍时通常要起立(不起立表示你的身份比对方高),同时要主动以礼貌的言语向对方问候或微笑点头致意,必要时握手并适当交谈,不要东张西望或心不在焉。介绍之后记住对方的名字很重要。在未被介绍给对方时,不宜插入对方的谈话。当别人被介绍给你时,你的目光要注视对方的脸部,面带微笑,点头示意。

三、介绍他人

在人际交往活动中,经常需要在他人之间架起人际关系的桥梁。在介绍他人时,介绍人处于当事人之间。因此,介绍之前必须了解被介绍双方的身份、地位等。同时,要了解双方是否有结识的意愿,不要贸然行事。当为别人做介绍时,千万不要用手指指点对方,而要用整个手掌,掌心向上,五指并拢,胳膊向外伸、斜向被介绍人。向谁介绍,眼睛就注视着谁。

介绍他人时,需要把握下列要点:

(一)了解介绍的顺序

在为他人做介绍时谁先谁后,是一个比较敏感的礼仪问题。根据商务礼仪规范,在为他人做介绍时,必须遵守"尊者优先"原则:先要确定双方地位的尊卑,然后先介绍位卑者,后介绍位尊者。这样,可使位尊者先了解位卑者的情况。

除了在介绍时遵循"尊者优先"的原则外,还应"了解情况",也就是当你为双方做介绍时所处的场合及这个场合的主角。一般情况下特定场合的主角就是"尊者"。

(二)掌握介绍的方式

由于实际需要的不同,为他人做介绍时的方式也不尽相同,一般分为以下几种:

1. 一般式

一般式也称标准式,以介绍双方的姓名、单位、职务等为主,适用于正式场合。

2. 简单式

在简单式介绍中,通常只介绍双方姓名,甚至只提到双方姓氏而已,适用于一般的社交场合。

3. 附加式

附加式也叫强调式,用于强调其中一位被介绍者与介绍者之间的关系,以期引起另一方被介绍者的重视。

4. 引见式

在引见式介绍中,介绍者所要做的,是将被介绍双方引到一起即可,适用于普通场合。

5. 推荐式

在推荐式介绍中,介绍者往往经过精心准备再将某人举荐给另一方,介绍者通常会对前者的优点加以重点介绍。通常适用于比较正式的场合。

6. 礼仪式

礼仪式是一种最为正规的他人介绍的方式,适用于正式场合。其语言、表达、称呼上都更为规范和谦恭。

(三)注意介绍时的细节

在介绍他人时,介绍者与被介绍者都要注意一些细节。

(1)介绍者为被介绍者做介绍之前,要先征得被介绍者双方的同意。

(2)被介绍者在介绍者询问自己是否有意认识某人时,一般应欣然表示接受。如果实在不愿意,应向介绍者说明缘由,取得谅解。

(3)当介绍者走上前来为被介绍者进行介绍时,被介绍者双方均应起身站立,面带微笑,大大方方地目视介绍者或者对方,态度要自然。

(4)介绍者介绍完毕,被介绍者双方应依照合乎礼仪的顺序进行握手,并且彼此使用"您好""很高兴认识您""久仰大名""幸会"等语句问候对方。

介绍他人认识,是人际沟通的重要组成部分。良好的合作,可能就是从这一刻开始的。

 特别提醒

在介绍中往往会有"Lady First ,先把女士介绍给男士"的误区。这个误区往往不易被人发现,因为"女士优先"是众所周知的世界通行规则,一般的男士都会遵循这个原则,因此在介绍时也可能会沿用这个原则。而事实上恰恰相反,为两人进行介绍时,"Lady First"的正确诠释应是先为女士介绍对方;换言之,是把男士介绍给女士后,再将女士介绍给男士。

 **案例点拨**

如果先把陈先生介绍给李刚就弄错了介绍的顺序。通常为他人做介绍时应将下级先介绍给上级。在商务场合客户永远是最重要的,因此在相互介绍中,应将客户视为"上级",王朋将李刚先介绍给陈先生是对的。

素养训练

假设你是某集团的销售部经理董浩。在一次现场订货会议上需要你将两位素未谋面的区域销售经理(一位是大秦服装公司的张善经理,一位是春秋鞋业公司的杜臣经理)介绍认识,你该怎么介绍呢?(请两位同学分别做区域销售经理配合完成训练。)

主题 5.2　握 手 礼 仪

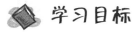 **学习目标**

我们将学习到……

◇ 握手的顺序

◇ 握手的姿态

◇ 行握手礼的禁忌

握手礼仪

 案例导入

振飞刚从某学校的市场营销专业毕业,被一家计算机公司录用为业务员。第一天上班,为了表示自己的热情友好,主动地与其部门同事和上司逐一握手,弄得大家有点莫名其妙。

想一想

你想知道大家莫名其妙的缘由吗?

应知应会

握手在人类社会中起源较早。据说原始人表示友好时,首先亮出自己的手掌,并让对方摸一摸,表示自己手中没有武器。后来逐渐演化,成为现在的握手礼。

握手,是见面时最常见的礼节。行握手礼是一个并不复杂却十分微妙的问题。作为一个细节性的礼仪动作,一旦做得不好,它将会带来负面的效果。

一、握手的顺序

握手时最重要的是要知道应当由谁先伸出手来。在正式场合,握手时伸手的先后次序主要取决于职位、身份。在社交场合,则主要取决于年龄、性别、婚否。通常情况下,位高者、年长者、未婚女性先伸手,对方才能伸手与之相握。

二、握手的姿态与握手语

(一)握手的姿态

(1)与人握手时应面带微笑,注视对方双眼。神态要专注、热情、友好而又自然。问候语也是必不可少的。

（2）伸手时右手掌要与地面垂直,以示友好、平等。如果伸出的手掌心向上,是顺从性的姿势,以示谦恭;如果伸出的手掌心向下,是控制性的姿势,是居高临下。

（3）不要迟迟不握他人早已伸出的手,或是一边握手一边东张西望,或忙于跟其他人打招呼,这都是不礼貌的表现。

（4）向他人行握手礼时应起身站立,以示对对方的尊重。

（5）握手时双方彼此之间的最佳距离为1米左右。

（6）双方将要相握的手从侧下方伸出,伸直相握后形成一个直角。

（7）与人握手不可以不用力,否则会使对方感到缺乏热忱与朝气;同样不可以拼命用力,否则会有示威、挑衅的意味。

（8）握手的时间不宜过短,也不宜过长,握手的全部时间应在3秒钟左右。

 小贴士

握手时的基本要求

目视对方;面带笑容;稍做寒暄;稍许用力。

（二）握手语

在握手时,常伴有一定的问候语,称为握手语。常见的握手语如表5-1所示。

表5-1　常见握手语举例

类型	适用时机	例句
问候型	一般的接待关系	"你好!""最近怎么样?"
祝贺型	对方有突出成绩、受到表彰或遇到喜事	"恭喜你!""祝贺你!"
关心型	适用于长辈对晚辈、上级对下级或主人对客人	"辛苦了!""一路很累吧?"
欢迎型	第一次来的客人或公务接待	"欢迎光临!""欢迎您!"
致歉型	自己有地方做得不对或表示客气时	"照顾不周,请多包涵。"
祝福型	送客时	"祝你一路平安!"

三、行握手礼的禁忌

（1）握手时,另外一只手不要拿着报纸、公文包等东西不放,也不要插在衣袋里。

（2）握手时不要争先恐后,应当依照顺序依次而行。

（3）女士在社交场合戴着薄纱手套与人握手是被允许的,而男士无论何时都不能在握手时戴着手套。

（4）除患有眼疾或眼部有缺陷者外,不允许握手时戴着墨镜。

（5）不要拒绝与他人握手,也不要用左手与他人握手,不要用双手与异性握手。

（6）在与西方人士交往时,不要两人握手时与另外两人相握的手形成交叉状。这种形状类似十字架,在他们看来是很不吉利的。

（7）握手时不要推拉对方的手,或者上下左右抖个不停。

（8）握手时不要长篇大论,点头哈腰,滥用热情,显得过分客套。

（9）握手时不要仅仅握住对方的手指尖,也不要只递给对方一截冷冰冰的手指尖。

（10）不要用很脏的手与他人相握,也不能在与人握手之后,立即揩拭自己的手掌。

 小贴士

礼仪误区——握手时轻轻一搭

中国人见面,握手是最基本的礼仪。怎样让两手相握也是很简单的身体技能,但现在有些人伸出去的手掌却始终是直的,并不会和对方握在一起,只是轻轻一搭,随即马上放开。曾被这样"握"过的人会有一种"伤自尊"的失落感。礼仪专家认为,握手时轻轻一搭会给人留下不真诚、不重视别人的感觉。

 案例点拨

"案例导入"中,小李的同事莫名其妙的原因在于,小李的行为太突然。如果要认识大家可以请人帮忙将其介绍给同事,也可以先自我介绍再与同事握手表示自己的友好;另外,在行握手礼时应等上司先伸手,自己才可以伸手与其相握。

素养训练

1. 在一次商品交易会上,你碰到了好几位商务上的合作伙伴,此时大家正好聚在一块聊天,你趋步上前与他们握手……（请几位同学一起上台配合完成。）

2. 在一次鸡尾酒会上你碰到了几位成功人士以及他们的夫人,这时如果需要握手的话,如何做才是得体到位的呢?请试着做一下。（请两位男生和两位女生一起上台配合完成训练。）

主题 5.3　赠接名片礼仪

 学习目标

我们将学习到……
◇ 名片的作用
◇ 发送名片的正确时机
◇ 名片的递交
◇ 名片的索取与接受

案例导入

2019 年 4 月,中国进出口商品交易会(即广州交易会,简称广交会)上,各方厂家云集,企业家们济济一堂。徐刚五年前从中等职业学校毕业,刚被提拔为华新公司的区域经理。在交易会上他听说伟业集团的崔董事长也来了,徐刚想利用这个机会认识这位素未谋面又久仰大名的商界名人。午餐会上他们终于见面了,徐刚彬彬有礼地走上前去,"崔董事长,您好,我是华新公司的,我叫徐刚,这是我的名片。"说着,他便从随身的公文包取出名片,递给了对方。崔董事长此时正在与人谈话,他顺手接过徐刚的名片,"你好"回应了一句并草草看过,放在了一边的桌子上。徐刚在一旁等了一会儿,见这位崔董事长并没有交换名片的意思,便失望地走开了。

想一想

为什么会出现这样尴尬的局面,你认为双方问题出在哪里？如果你是徐刚,想结识崔董事长,你会怎样递名片？

 应知应会

一、名片的作用

名片在交往中被普遍使用,它是现代社会商务交往中的一种最为经济实用的介绍性媒介,它有以下两大用途:

（一）自我介绍

自我介绍是其主要功能。国际上名片的规格一般为 10 厘米×6 厘米。当前,国内通行的名片规格为 9 厘米×5.5 厘米,即标准的名片长为 9 厘米,宽为 5.5 厘米。女士用的名片一般为 10 厘米×4.5 厘米。无论是个人名片还是商用名片,名片上的基本信息均应包括姓名、职务、工作单位、地址、联系电话。互联网时代,以微信小程序"递名片"为代表的电子名片开始流行,成为在线商务社交的重要仪式。

（二）替代便条

在交往中,视名片犹如本人。如拜访他人不遇,可留下名片或托人转交。名片还可以用作短信,在名片的左下角用铅笔写下几行小字或短语,如同长信一样正式。若留言内容较多,也可以写在名片背面。

二、发送名片的正确时机

（一）交换名片的时机

（1）希望认识对方。

（2）表示自己重视对方。

（3）被介绍给对方。

（4）对方提议交换名片。

（5）对方向自己索要名片。

（6）对方是陌生人。

（7）初次登门拜访对方。

（8）通知对方自己的变更情况。

（9）希望获得对方的名片。

（二）交换名片的注意事项

若想适时地发送名片,使对方接受并收到最好的效果,必须注意下列事项:

（1）除非对方要求,否则不要在年长的主管面前主动出示名片。

（2）对于陌生人或偶遇的人,不要在谈话中过早发送名片。因为这种热情一方面会打扰别人,另一方面有推销自己之嫌。

（3）不要在一群陌生人中到处传发自己的名片。这会让人误以为你想推销什么物品,反而不受重视。在商业社交活动中尤其要有选择地提供名片,才不致使人以为你在替公司搞宣传、拉业务。

（4）处在一群彼此不认识的人当中,最好让别人先发送名片。名片的发送可在刚见面或告别时,但如果自己即将发表意见,则在说话之前发名片给周围的人,可帮助他们认识你。

（5）出席重大的社交活动,一定要记住带名片。

（6）无论参加私人或商业餐宴,名片皆不可于用餐时发送,因为此时只宜从事社交而非商业性的活动。

（7）与其发送一张破损或脏污的名片，不如不送。应将名片收好，整齐地放在名片夹、名片盒或口袋中，以免名片污损。破旧名片应尽早丢弃。

三、名片的递交

递送名片，通常应当关注以下两点：其一，应在见面之初递上名片；其二，递送自己名片时应郑重其事。此外还应注意以下细节：

（1）递名片时应起身站立，走上前去，用双手或右手将名片递送给对方。若用双手递送名片时，用双手拇指和食指执名片两角，其余手指托住名片背面，手不要压住字，让文字正面朝向对方，递交时要目光注视对方，微笑致意，可顺带说一句"请多多关照"。递、接名片的姿势如图 5-1 所示。

（2）若对方是外宾，最好将名片上印有英文的一面朝向对方。

（3）将名片递给他人时，应说"请多关照""常联系"等话语。如尚未做过自我介绍，应先做一下自我介绍。

（4）交换名片时如果碰巧名片用完，可用干净的纸代替，在上面写下个人资料。

图 5-1　递、接名片的正确姿势

四、名片的索取与接受

（一）名片的索取

一般而言，索取名片不宜过于直截了当。其可行之法有四：其一，交易法；其二，激将法；其三，谦恭法；其四，联络法。

1. 交易法

交易法是指"将欲取之，必先予之"。也就是说，想索要别人的名片时，最省事的办法就是把自己的名片先递给对方。所谓"来而不往，非礼也。"当你把名片递给对方时，对方不回赠名片是失礼的行为，所以对方一般会回赠名片。

2. 激将法

所谓激将法是指有的时候遇到的交往对象其地位身份比我们高，或者身为女性难免有提防之心。这种情况下把名片递给对方，对方很有可能不会回赠名片。遇到这一情况，不妨在把名片递给对方的时候，略加诠释，如："王总，我非常高兴能认识您，不知道能不能有幸跟您交换一下名片？"在这种情况下，对方就不至于不回赠名片。即便他不想给，也会找适当借口让你下台。

3. 谦恭法

谦恭法是指在索取对方名片之前,稍做铺垫,以便索取名片。比如见到一位研究电子计算机技术的专家可以说:"认识您我非常高兴,虽然我玩计算机已经四五年了,但是在您这种专业人士面前是相形见绌,希望以后有机会能够继续向您请教,不知道以后如何向您请教比较方便?"前面的一席话都是铺垫,只有最后一句话才是真正的目的:索取对方名片。

4. 联络法

谦恭法一般是对地位高的人,对平辈或者晚辈就不大合适。面对平辈和晚辈时,不妨采用联络法。联络法的标准说法是:"认识您太高兴了,希望以后能跟您保持联络,不知道怎么跟您联络比较方便?"

(二)名片的接受

接受别人名片时,需要注意四点:

(1)他人递名片给自己时,应起身站立,面带微笑,目视对方。

(2)接受名片时,双手捧接,或以右手接过。避免只用左手接过。

(3)接过名片后,要从头至尾把名片认真默读一遍,意在表示重视对方。如果接下来与对方谈话,不要将名片收起来,应该放在桌面上,并保证不被其他东西压住,使对方感觉到你对他的重视。

(4)接受他人名片时,应使用谦辞敬语。

 小贴士

名片的误区

名片本是人们用来传递信息的一种载体,应该是一种美的享受,一种艺术、时尚,不能不讲究,因为它体现持有者的身份与形象。

误区一:随便找一个打印店,打印几张名片就算了。

误区二:只要价格便宜,随便在路边店凑合一下。

误区三:过分追求时髦,过分花哨。

 案例点拨

崔董事长没有理会徐刚的原因在于:

徐刚发送名片的时机不当,搅了崔董事长谈话的兴致。如果想认识崔董事长,可以等崔董事长和其他人谈完话或是在他与其他人谈话的间歇时间上前,用事先准备好的名片"推销"自己。如果希望获取崔董事长的名片可以询问:"今后怎样向您请教?"一般而言,对方会很乐意

听到你谦恭的说法,会很豪爽地把名片给你。

 素养训练

在一次旅游商品展销会上,作为上海春秋国旅销售部经理的你被介绍给温州国际旅行社的销售部李经理认识,此时你如何将自己的名片递交给李经理?(请两位同学上台分别扮演介绍者和李经理配合完成训练。)

主题 5.4　馈 赠 礼 仪

 学习目标

我们将学习到……
◇ 馈赠礼节
◇ 把握馈赠时机

馈赠礼仪

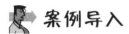 **案例导入**

云南省的一家外贸公司与国外某商贸公司新近做成一笔生意。为表示合作愉快,加强两公司今后的联系,成为密切的商业伙伴,中方公司决定向对方赠送一批具有地方特色的工艺品——皮质的相框。中方公司向当地的一家工艺品厂定制了这批货,这家工艺品厂也如期保质保量地完成了。当赠送的日子快要临近时,这家外贸公司的一位职员突然发现这批皮质相框是用牛皮做的,这在对方国家是绝对不允许的,很难想象如果将这批礼品赠送给对方会产生什么样的后果。幸好及时发现,才使这家外贸公司没有犯下错误,造成损失。他们又让工艺品厂赶制了一批新的相框,这回在原材料的选择上特地考察了一番。最后在将礼品送给对方时,对方相当满意。

 想一想

馈赠礼品时应当注意哪些礼节?试着说一说你所知道的馈赠礼节与禁忌。

应知应会

一、馈赠礼节

馈赠是商务活动中不可缺少的交往内容。随着交际活动的日益频繁,馈赠礼品因为能起到联络感情、加深友谊、促进交往的作用,越来越受到人们的重视。所以,馈赠活动对礼节的要求,也就一直得到强调。

（一）确定馈赠目的

1. 为了交际

礼品的选择,要使礼品能反映赠送者的寓意和思想感情,并使寓意和思想感情与送礼者的形象有机地结合起来。

2. 为了巩固和维系人际关系,即"人情礼"

人情礼强调礼尚往来,以"来而不往非礼也"为基本准则。因此无论从礼品的种类、价值的大小、档次的高低、包装的式样、蕴含的情义等方面都呈现多样性和复杂性。

3. 为了酬谢

以酬谢为目的的馈赠是为答谢他人的帮助而进行的。因此,在礼品的选择上十分强调其物质利益。礼品的贵贱厚薄,取决于他人帮助的性质。

（二）选择礼品

选择礼品的要点是投其所好。选择礼品时一定要考虑周全,有的放矢,投其所好。可以通过仔细观察或打听了解受礼者的兴趣爱好,然后有针对性地精心挑选合适的礼品。尽量让受礼者感觉到馈赠者在礼品选择上是花了一番心思的,是真诚的。同时选择礼物要考虑具体的情况或场合。如开业可送花篮,逢节可送贺卡等。

（三）掌握馈赠礼节

要使对方愉快地接受馈赠并非易事。即便是精心挑选的礼品,如果不讲究赠礼的艺术和礼仪,也很难达到馈赠的预期效果。

1. 注意包装

精美的包装不仅使礼品的外观更具艺术性和高雅的情调,显示出赠礼人的文化艺术品位,而且还可以避免给人俗气的感觉。

2. 注意场合

当众只给一群人中的某一个人赠礼是不合适的,因为不仅会使受礼人感到尴尬,而且会使没有得到赠礼的人有受冷落和受轻视之感。给关系密切的人送礼也不宜在公开场合进行,以免给公众留下你们之间的关系密切完全是靠物质支撑的感觉。但在生日聚会或婚礼上送礼就要另当别论。有时,礼品也可以事先送去,以免在仪式场合主人无暇顾及。通常只有象征着精神方面的礼品,如锦旗、牌匾、花篮等才可在众人面前赠送。

3. 注意态度和动作

赠送礼品时,只有态度平和友善、动作落落大方并伴有礼节性的语言,才容易让受礼者接收礼品。另外需注意,不要把礼品递在受礼者手上之后自己还不松手。

4. 注意时机

一般赠礼应选择在相见、道别时或相应的仪式上。

5. 处理好有关票据

礼品外包装上如贴有价签一定要在赠送之前就清除干净。但如果礼品是有保修期的"大物件",如家用电器、计算机等,可以在赠送礼品的时候把发票和保修单一起奉上,以便将来受礼人能够享受"三包"服务或方便其转手处理。

（四）了解受礼礼仪

一般情况下,不应当拒绝受礼。如果觉得送礼者另有所图,应向他明示自己拒收的理由,态度可坚决但方式要委婉。接受礼物时,不管礼品是否符合自己的心意,接受者应表示对礼物的重视。对贺礼以及精美礼物,应当面打开欣赏,并赞美一番。接受了他人的馈赠,如有可能应予以回礼。有礼有节合法的馈赠活动,有利于拉近双方的距离,增加合作的机会。作为商务活动的重要内容之一,馈赠活动越来越受重视,并得到广泛的使用。而馈赠的商务礼仪,也就成为职业经理人必备的专业知识之一。

二、把握馈赠时机

在公务交往中,礼品一般应选择在工作场所或交往地点赠送;而在私人交往中,则宜于私下赠送,受赠对象的家中通常是最佳地点。同时送礼也应选择时机。

（1）传统的节日。春节、中秋节等,都可以成为馈赠礼品的黄金时间。

（2）喜庆之日。晋升、获奖、厂庆等日子,应考虑备送礼品以示庆贺。

（3）企业开业庆典。在参加某一企业开业庆典活动时,要赠送花篮、牌匾或室内装饰品以示祝贺。

（4）酬谢他人。当自己接受了别人的帮助,事后可送些礼品以示回报感恩。

案例点拨

"案例导入"中的事件说明我们在馈赠礼品给对方之前一定要弄清对方的禁忌和喜好,以防好心办坏事。

素养训练

礼品的选择要根据不同的受礼对象区别对待,请将下列词语填入合适的空格中。

实用、实惠、精巧、纪念、趣味、特色、启智

送老人,以送_____的礼品为佳;送恋人,以送_____的礼品为佳;送富裕者,以送_____的礼品为佳;送外宾,以送_____的礼品为佳;送家贫者,以送_____的礼品为佳;送朋友,以送_____的礼品为佳;送小孩,以送_____的礼品为佳。

回 顾 总 结

　　本单元通过案例引导、图片展示、理论说明，使学生了解了商务见面礼仪中的基础知识，同时通过课堂师生互动、课后练习，对见面礼仪中的细节再次做了强调。

拓 展 训 练

　　在进口博览会上，你想主动认识飞鱼电器公司的陈方经理。此时你应该怎样自我介绍呢？请几位同学配合模拟一下现场的场景完成自我介绍、握手和赠递名片等系列动作。

善气迎人,亲如兄弟;恶气迎人,害于戈兵。

——管仲

单元6 商务场合礼仪

 任务设定

1. 商务宴请礼仪
2. 商务函电礼仪
3. 会务礼仪
4. 商务旅行礼仪

主题 6.1 商务宴请礼仪

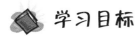 **学习目标**

我们将学习到……
◇ 中餐宴请礼仪
◇ 西餐宴会就餐礼仪

案例导入

我国某市与日本某市缔结友好城市,在某饭店举办大型中餐宴会,本市一位应邀嘉宾到达饭店后,费了很长时间才在靠近门口的地方找到了自己的位置。她感到自尊心受到了伤害,没有同任何人打招呼就悄悄离开了饭店。

想一想

你想知道其中的缘由吗?

 应知应会

宴请是指有组织的、有规范礼仪要求的群体性饮食活动,它是社交活动的主要方式之一,是人们传递友谊、沟通感情的基本方式。招待宴请活动形式多样,掌握其礼仪规范在商务活动中是十分重要的。

一、中餐宴请礼仪

现代宴请礼仪的基本原则是"4M 原则"。"4M 原则"是指在安排或参与餐饮活动时,应对菜单(menu)、举止(manner)、音乐(music)、环境(mode)四个方面予以高度重视,并力求使自己在这些方面的行为符合律己、敬人的行为标准。

(一)设宴礼仪

1. 邀请礼仪

宴会一般都要用请柬正式发出邀请。这样做一方面是出于礼节,另一方面也是请客人备忘。

请柬内容应包括:活动的主题、形式、时间、地点、主人姓名。请柬要书写得清晰美观,打印要精美。请柬一般应提前两周发出,太晚则显得不礼貌。

2. 菜单确认

在安排菜单时,必须考虑来宾的饮食禁忌,特别是要对主宾的饮食禁忌高度重视。通常在确认菜单时应先决定主菜再搭配其他,主菜代表着品位,也代表了主人的"立场",也就是"预算价位",因此主菜点什么,宴请者应有主见。一顿标准的中餐,菜单结构包括:汤(羹汤)、前菜(开胃菜)、主菜(大菜)、面食或米饭。

3. 桌次安排

如果宴请的客人不止一桌,往往还需要排桌次。排桌次也需要确定主桌,主桌通常是正对门、离门最远,或是处于场地的中间。其他桌次的位置则是依据离主桌距离的远近确定其高低,即:离主桌越近的位置越高;位置相同的,以主桌为基准,右高左低。不同桌数的排法通常如图 6-1 至图 6-4 所示。

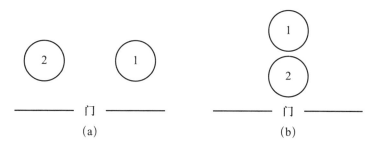

图 6-1　两桌的桌次排法

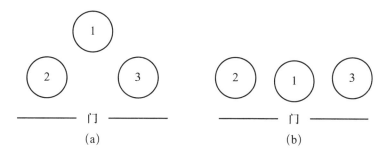

图 6-2　三桌的桌次排法

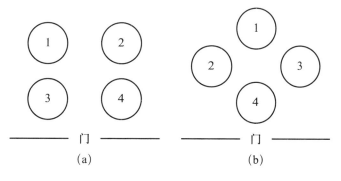

图 6-3　四桌的桌次排法

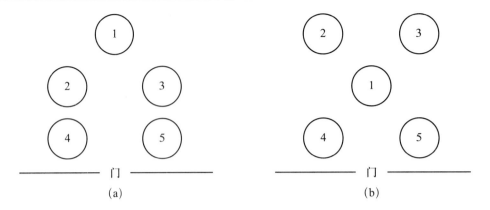

图6-4 五桌的桌次排法

4. 席次安排

中餐宴请席次的确定主要以门为依据：正对门的、离门最远的是首位，离门最近、背对门的是末位。其他位置的席次是：离首位越近，位置越高；与首位距离相等的，以首位为基准，右高左低。中餐席次高低如图6-5所示。

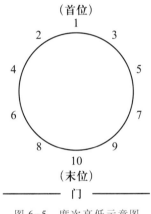

图6-5 席次高低示意图

（二）赴宴礼仪

1. 回复邀请

接到宴会邀请（无论是请柬或邀请函），能否出席要尽早答复对方，以便主人安排。在接受邀请之后，不要随意改动。万一因不得已的特殊情况而不能出席，尤其是主宾，应尽早向主人解释、道歉，甚至亲自登门表示歉意。

2. 就座

在商务用餐的时候，一般也牵扯到座次的问题。如果该桌有长者，应等长者坐定后，方可入座；席上如有女士，应等女士坐定后，方可入座。如女士座位在隔邻，应招呼女士。

 小贴士

如何确定主位

可以从餐巾的折放上，看出哪个是主位，哪个是客位。一般主宾位的餐巾的桌花和其他人的是不太一样的。如果不了解情况，也可以询问餐厅的服务员。如果餐巾是折好放在面前的，没有桌花的话，我们应该看什么呢？主要是以门为基准点，比较靠里面的位置为主位。

3. 菜品食用

一个普通的宴席，通常都有8~10道菜。

在上菜前,桌上都会摆放一些花生或豆类的小食品,正确的吃法是要用筷子夹着吃,而不是用手指拈着吃。当主人举起杯子向客人敬茶时,身为客人的你,在礼貌上也要喝一口茶。接着,主人拿起筷子,说声"请",大家便可以开始用餐了。

4. 饮酒礼仪

中餐常以开杯酒作为宴请开始的标志。宴席开始时,主人举杯敬所有来宾,这个时候,无论会不会喝酒,都要举杯浅酌,不宜推拒,这代表了对主人的谢意与祝福。当主人起立敬酒时,所有来宾也应起立回敬,这是基本礼节。

 特别提醒

　向长辈或上级敬酒时,宜双手捧杯,起立敬酒,敬酒要到对方面前敬,不能隔着别人敬酒。

5. 行为举止

作为客人,在用餐过程中应注意:

(1)上菜以后,应该先等主人起筷后才动手夹菜。

(2)斟茶是一件很简单的事,不过,很多朋友会疏忽其中的礼貌。如果一个人当然可以自斟自饮,否则,就应先为其他人斟完才替自己斟。

(3)不可用餐桌上的毛巾抹面、抹颈和抹身。

(4)圆桌以顺时针方向旋转为准。如果有人反向旋转也无妨,但要避免来回改变方向旋转。

(5)左边是不动位,右边是常动位。所以不常用的物品,如湿纸巾、汤碗、菜单应放在左边,而杯、筷摆在右边。

(6)残渣勿直接吐在桌面上,用餐时尽量跟着大家的节奏,吃得过快或过慢都不太好。

二、西餐宴会就餐礼仪

(一)席次安排

西餐宴请席次的确定主要依据主人的位置,即:离主人越近席次越高,离主人越远席次越低;离主人距离相等的,以主人为基准,右高左低。如图6-6所示。另外,西餐席次的排法是男女客人间隔着坐,而且在席次安排上有两个首位,分别由男女主宾坐。

(二)入座

最得体的入座方式是从座椅的左侧入座。当椅子被拉开后,身体在几乎要碰到桌子的距离站直,领位者会把椅子推进来,腿弯碰到后面的椅子时,就可以坐下来。就座时,身体要端正,手肘不要放在桌面上,不可跷足,餐台上已摆好的餐具不要随意摆弄。用餐时,上臂和背部要靠到椅背,腹部和桌子保持约一个拳头的距离,两脚交叉的坐姿最好避免。

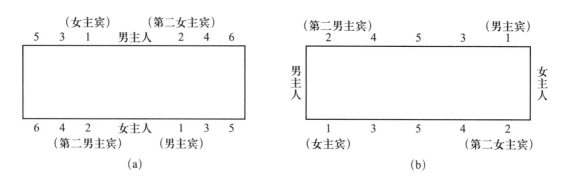

图6-6 西餐主人与主宾席次安排

（三）西餐餐具的使用

正式西餐套餐中,常依不同菜式的特点而配合使用各种不同形状的刀叉。使用刀叉进餐时,刀叉和汤匙依使用的先后顺序排列。最先用的放在离主菜盘最远的外侧,后用的放在离主菜盘近的内侧。吃西餐要左手持叉,右手持刀。左手食指按在叉子把上,右手食指按在刀背上。汤匙则用握笔的方式拿即可。切东西时左手拿叉按住食物,右手执刀将其切成小块,用叉子送入口中。使用刀时,刀刃不可向外。进餐过程中放下刀叉时要摆成"八"字形,将刀叉分跨盘中,刀刃朝向自身,表示还要继续吃。每吃完一道菜,将刀叉并拢放在盘中。如果与人谈话,可以拿着刀叉,无须放下。不用刀时,可用右手持叉,但若需要做手势时,就应放下刀叉。

 特别提醒

从进餐厅开始,贯穿服务全过程,注意对女士的尊重,始终坚持女士优先,如进门、拉椅、递菜单、酒水服务、点菜和上菜等。

（四）餐巾的使用

开餐前将餐巾打开。餐巾呈对角平铺在膝上。餐巾可用来擦嘴或手,不可用来擦餐具或擦脸。嘴弄脏时,一定要用餐巾擦拭,避免用自己的手帕。避免把餐巾塞入领口。

（五）西餐就餐方法

（1）喝汤时不要啜,如汤菜过热,可待稍凉后再吃,不要用嘴吹。喝汤时,用汤勺从里向外舀,汤盘（碗）中的汤快喝完时,用左手将汤盘（碗）的外侧稍稍翘起,用汤勺舀净即可。喝完汤时,将汤匙留在汤盘（碗）中,匙把指向自己。

（2）吃鱼、肉等带刺或骨的菜肴时,不要直接外吐,可用餐巾捂嘴轻轻吐在叉上放入盘内。吃剩的鸡、鱼骨头和渣子放在自己盘子的外缘,不要放在桌上,更不能丢在地上。如盘内剩余少量菜肴时,不要用叉子刮盘底,更不要用手指相助食用,应以小块面包或叉子相助食用。吃面条时要用叉子先将面条卷起,然后送入口中。

（3）面包要掰一块吃一口,抹黄油和果酱时也要先将面包掰成小块再抹。注意不能用叉子叉面包。

（4）吃有骨头的肉可以用手拿着吃。若想吃得更优雅,还是用刀较好。用叉子将整片肉固定(可将叉子朝上,用叉子背部压住肉),再将刀沿骨头插入,把肉切开。最好是边切边吃。必须用手吃时,会附上洗手水。当洗手水和带骨头的肉一起端上来时,意味着"请用手吃"。用手指拿东西吃后,将手指放在装洗手水的碗里洗净。

（5）喝咖啡时如添加了牛奶或糖,添加后要用小勺搅拌均匀,将小勺放在咖啡的垫碟上。喝时应右手拿杯把,左手端垫碟,直接用嘴喝,不要用小勺一勺一勺地舀着喝。吃水果时,不要拿着水果整个去咬,应先用水果刀切成四瓣再用刀去掉皮、核,用叉子叉着吃。

（6）点用牛排时,首先服务生会询问牛排烹制的老嫩程度,可依自己所喜欢的老嫩程度要求提供。用餐时,用叉子从左侧将肉叉住,再用刀沿着叉子的右侧将肉切开,如切下的肉块太大,可直接用刀子切成刚好一口大小的肉,然后直接以叉子送入口中,应从左往右吃。点缀的蔬菜也要全部吃完。

（六）西餐就餐中酒的喝法

西餐宴会中几乎每道菜都要配一种酒。对于菜跟酒的搭配,酒跟酒杯的搭配都有讲究。例如:冷盘或海味配烈性酒,用利口杯;喝汤时配淡味雪利酒,用雪利杯;吃鱼时喝白葡萄酒,用白葡萄酒酒杯;食烤肉牛排以及其他肉类时,饮红葡萄酒,用红葡萄酒酒杯;食野味时,饮红葡萄酒、白葡萄酒;食甜品时,选用甜葡萄酒或葡萄汽酒;食水果时,饮啤酒、白葡萄酒;食任何菜时,都可饮香槟酒。

案例点拨

"案例导入"中,该嘉宾悄悄离开的原因是:在赴宴时找不到座位,最后发现自己的座位竟然被安排到了最为次要的位置。

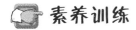

素养训练

吃了一半的西餐

某公司的业务员陈先生晚饭时走进一家西餐厅就餐。服务员很快便把陈先生所点的食物端上来。陈先生拿起刀叉,使劲切割食物,刀盘摩擦发出阵阵刺耳的响声。他将食物切成一块块后,接着用叉子叉起一大块塞进嘴里,狼吞虎咽,并将鸡骨、鱼刺吐于洁白的台布上。中途,陈先生随意将刀叉并排往餐盘上一放,顺手将餐巾放到餐桌上,起身去了趟洗手间。回来后发现食物已被端走,餐桌已收拾干净,服务员站在门口等着他结账。陈先生非常生气,要向服务员讨个说法……

1. 你知道是谁错了吗？

_____

_____

_____

_____

_____

_____

2. 陈先生在哪些做法上是不符合西餐就餐礼仪的？

_____

_____

_____

_____

_____

主题 6.2 商务函电礼仪

 学习目标

我们将学习到……

◇ 信函礼仪

◇ 接打电话礼仪

◇ 收发传真礼仪

◇ 收发电子邮件礼仪

案例导入

天马贸易公司是一家经营综合性产品(包括鞋类、衣帽、电器、小商品等)的进出口公司。大川公司(主要经营鞋类)想通过信函与天马贸易公司建立商业关系。信函如下:

尊敬的陈先生:

我们大川公司从蒂科公司处得知贵公司的商号与地址,特此来函,希望能同贵公司发展商务关系。请惠寄鞋类商品目录与报价单。如贵公司产品价格合理,本公司必定向你方下订单。

我们恭候佳音。

大川公司采购部主任　林思谨上

2020 年 8 月 20 日

天马贸易公司陈经理在收到此信后马上给大川公司寄去了鞋类商品目录与报价单。为了节省时间,双方通过电话、收发传真、电子邮件等多种形式进行多轮磋商,最后达成了合作协议。

想一想

一次商业合作在双方函电的往来中得以达成,商务函电的往来肯定有许多的注意事项,你能说说吗?

应知应会

一、信函礼仪

(一)商务信函的写作

写作商务信函并不要求使用华丽优美的词句,而是用简单朴实的语言,准确地表达自己的意思,让对方可以非常清楚地了解你的意思。因此在写作时应注意:

1. 目的性

在信函的一开头就要目的明确、简明扼要地告诉读信者写这封信的目的, 同时信函里所采用的语气语调也应该与写信的目的相一致。在写之前先不妨仔细考虑一下:写这封信函是想达到一个什么样的目的;希望对收信人产生一种怎样的影响;是歉意的、劝说性的,还是坚决的、要求性的。这完全可以通过信函中的语气语调来表现。

2. 礼貌性

这里所说的礼貌,并不是简单地用一些礼貌用语,而是要体现一种为他人考虑、体谅对方心情和处境的态度。如果本着这样的态度去交流,就算这次拒绝了对方的要求,也不会因此失去这个朋友,不会影响今后合作的机会。

3. 精确性

当涉及数据或者具体的信息时,如时间、地点、价格、货号等,应尽可能做到精确。这样会使交流的内容更加清楚,更有助于加快问题解决的进程。

4. 针对性

要在信函中写上对方公司的名称,或者在信头直接称呼收件人的名字,这样会让对方知道这封信函是专门给他的,而不是那种群发的通函,从而表示自己对此函的重视。如果无法确定收信人的性别,那就在称呼一栏里写"＿＿＿先生／女士"。

（二）商务信函的回复

使用商务信函必然是有事要谈,有事要办。商务信函在发出后能否及时、准确无误地送到预定对象手中,是发信者最关注的事。因此,在收到商务信函后,务必要以适当的方式予以及时回复,以示对对方的尊重。

1. 回复及时

收件人在收到信函后应尽快回复,切不可拖拖拉拉、懒散对待,甚至不予理睬和回复,理想的回复时间是 2 小时内。

2. 回复方式

函的回复应遵循"照旧"原则,即以函复函。如果因故改变回复方式,应向对方道明原因。为尽早消除对方的担忧之情,可在收到重要信函后先挂电话告诉对方信函已收到,然后再及时复函。复函时除对对方的提议、要求作翔实答复外,还应告之所收到的是何时所发的信函,我方又是何时收到的。这是为了防止有的信函"半路走失"却未能及时发现。如果双方信函往来频繁,更有必要这么做。如告诉对方:"您于 3 月 6 日发出的信函,我在 11 日收到了。"

3. 解释延误

收到信函后,如果当时确实无法及时回复,则必须先电告对方,并致以歉意,向对方解释原因,然后再抽时间予以回复。如果在回函时遇到困难,例如对方所提要求超出了本人力所能及的范围,切不可不予理睬、束之高阁,甚至在日后与对方见面时表示"并未收到"。即使无法解决,也应尽早答复,并致以歉意。要表现出坦诚的态度,以便早让对方另做安排。

4. 妥善管理

按照常规,未经允许或批准不得将信函进行公开传阅。涉及单位机密的信函,更应严格管理,不得随意进行口头扩散或书面引用。对于那些没有保存价值的信函经过鉴别和主管领导批准后可定期销毁。

二、接打电话礼仪

随着科学技术的发展和人们生活水平的提高,电话的普及率越来越高,接、打电话已是人们日常生活中不可缺少的活动。电话交谈看似与当面交谈一样容易,其实不然,打电话大有讲究,可以说是一门学问、一门艺术。

(一)接电话礼仪

1. 重要的第一声

当我们接起电话时就能让对方听到亲切、悦耳的招呼声,对方心里一定会很愉快,因此双方的对话也能顺利展开,对方对我们单位也有了较好的第一印象。因此要记住,接电话时应有"我代表单位形象"的意识。

2. 要有喜悦的心情

接打电话时要保持良好的心情,即使对方看不见我们,但是从欢快的语调中也会被感染,给对方留下极佳的印象。由于面部表情会影响声音的变化,所以即使在电话中,也要有"对方正在看着我"的心态。

3. 清晰明朗的声音

打电话过程中绝对不能吸烟、喝茶、吃零食,即使是懒散的姿势对方也能够"听"得出来。因此打电话时,即使看不见对方,也要当作对方就在眼前,尽可能注意自己的姿势。

4. 迅速准确地接听

现代商务人员业务繁忙,桌上往往会有两三部电话,听到电话铃声,应准确迅速地拿起听筒,最好在三声之内接听。若超过三声,应先向对方道歉。

5. 认真清楚地记录

要做出既简洁又完备的电话记录有赖于"5W1H 技巧"。"5W1H"是指:何时(when)、何事(what)、何人(who)、何地(where)、为什么(why)、如何进行(how)。

6. 了解来电的目的

上班时间打来的电话几乎都与工作有关,如自己无法处理,也应认真记录下来,委婉地探求对方来电目的,这样既不会误事,又能赢得对方的好感。

7. 挂电话前的礼貌

要结束电话交谈时,一般应当由打电话的一方提出,然后彼此客气地道别,说一声"再见",再挂电话,不可只管自己讲完就挂断电话。

(二)打电话的礼仪

1. 选择适当的时间

一般的商务电话最好避开临近下班的时间,因为这时打电话,对方往往急于下班,自己很可能得不到满意的答复。商务电话应尽量打到对方单位,若确有必要往对方家里打时,应注意避开吃饭或睡觉时间。

2. 首先通报自己的姓名、身份

打电话时,应首先通报自己的姓名、身份。必要时,应询问对方是否方便,在对方方便的情况下再开始交谈。

3. 注意电话用语和电话内容

电话用语应文明、礼貌,电话内容要简明、扼要。

4. 通话结束应道"再见"

通话完毕时应道"再见",然后轻轻放下电话。另外通话结束之前要有所提示,例如,"再见""咱们下次再谈"等。

 特别提醒

电话沟通的技巧

在正常情况下先听到对方挂断电话之后,再挂断电话,这是一个很好的商务礼仪的表现。同时在用电话进行沟通的时候,一般应该把时间控制在3分钟以内,最长也不要超过5分钟。即便这一次沟通没有完全表达出你的意思,最好约定下次打电话的时间或面谈的时间,而避免在电话中占用对方过长的时间。

三、收发传真礼仪

目前,在商务交往中,经常需要将某些重要的文件、资料、图表即刻送达身在异地的交往对象手中。传统的邮寄书信的联络方式,已很难满足这方面的要求。在此背景之下,传真便应运而生,并且迅速运用于商界。商界人士在利用传真对外通信联络时,必须注意下述两个方面的礼仪问题。

（一）必须得法使用

本人或本单位所用的传真机号码,应被正确无误地告之自己重要的交往对象。一般而言,在商用名片上,传真号码是必不可少的一项重要内容。对于主要交往对象的传真号码,必须认真地记好。为了保证万无一失,在向对方发送传真前,最好先向对方通报一下。这样做既提醒了对方去收传真,又可以再次确认对方的传真号码。发送传真时,必须按规定操作,并以提高清晰度为要旨。与此同时,也要注意使其内容简明扼要,以节省费用。单位所使用的传真设备,应当安排专人负责。无人在场而又有必要时,应使之处于自动接收状态。为了不影响工作,单位的传真机尽量不要同办公电话采用同一条线路。

（二）必须依礼使用

商界人员在使用传真时,必须牢记维护个人和所在单位的形象问题,必须处处不失礼节。

在发送传真时,一般不可缺少必要的问候语与致谢语。发送文件、书信、资料时,更要谨记这一条。出差在外,有可能会使用公用传真设备,即付费使用电信部门设立在营业所内的传真机时,除了要办好手续、防止泄密之外,对于工作人员亦须以礼相待。

使用传真设备的时效性

在收到他人的传真后,应当在第一时间内采用适当的方式告知对方,以免对方惦念。需要办理或转交、转送他人发来的传真时,千万不可拖延时间,耽误对方的要事。

四、收发电子邮件礼仪

发送电子邮件时与客户保持良好礼仪非常重要。电子邮件与电话交流和面对面交流不同,当收件人阅读邮件时,我们无法猜测他的反应。单击"发送"按钮之后就无法调整先前的意见,因此,我们需要从一开始就保证其正确性,否则可能会流失客户或损失业务。在发送邮件之前要注意下列细节:

(1)称呼了客户名字并使用适当的问候语。

(2)在发送电子邮件之前通读电子邮件以检查行文是否通顺,拼写是否有错误。

(3)运行拼写检查程序。

(4)电子邮件的语气应热情友好。

(5)鼓励进一步联系。

(6)当与不认识或不熟悉的人通信时,使用正式的语气,包括尽可能使用适当的称呼和敬语。请、谢谢之类的字词要经常出现。

(7)使用简单易懂的主题,以准确传达电子邮件的要点。

(8)说要说的话,但要简明扼要。正文多用1234列表,以清晰明确。

(9)使用易于辨认的字体和字号。在商务通信中应避免华丽的风格。

(10)为避免在无意中传播病毒引发客户反感,或者因某些客户防范病毒警惕性过高只选择性收看邮件而造成邮件无法正常传递消息,建议发送纯文本电子邮件。如果事先未经许可,不要发送电子邮件附件。

(11)使用显示完整联系人信息的电子邮件签名或电子名片,在邮件中明确告知收件人所有联系信息,包括电话号码和公司名称。

(12)避免使用幽默、随意或俚语等易被人误解的表达方式。

(13)收到合法发件人(而非垃圾邮件发送者)的电子邮件时,如无法立即提供一个完整的答复,建议在 24 小时内先简单回复发件人确认你已收到邮件。

（14）在信件往返之间,保留适当的引言,有助于提醒收信人上一次双方谈话的内容。但是引言也不必太多太长,否则可能会造成对方的困扰。

良好的电子邮件礼仪是基本常识。稍加注意并使用好电子邮件工具,就可以写出得体的商务电子邮件。这样做,会为自己和企业赢得更多的尊重和商机。

案例导入中的这封商业信函突出了信函写作的目的性、礼貌性、针对性和精确性,使得收信人收到此信后能马上回复,为接下来的进一步磋商奠定了基础。

素养训练

某超市销售经理王明在"六一"儿童节前期要求其供货商在 5 月 26 日之前按原价向其提供 2 万箱的果奶,规格是 100 毫升/瓶。现需要你写一封信将要求告知供货商负责果奶销售的陈川经理。

_____

_____

_____

_____

_____

_____

_____

_____

_____

_____

主题 6.3　会 务 礼 仪

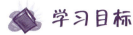 **学习目标**

我们将学习到……
◇ 签字仪式礼仪
◇ 新闻发布会礼仪
◇ 展览会礼仪

 **案例导入**

经过长期洽谈之后,南方某市的一家公司终于同国外一家跨国公司谈妥了一笔大生意。双方在达成合约之后,决定正式为此而举行一次签字仪式和新闻发布会。

因为当时双方的洽谈在我国举行,故此签字仪式便由中方负责。在仪式正式举行的那一天,双方代表西装革履、精神抖擞地步入签字厅。签字桌上已经整齐地摆上了待签本,签字所用的文具也已放好。在签字桌的正中摆放着两国的国旗,对方的国旗在右,中方的国旗在左。当对方代表看到这一细节时,脸上露出了满意的笑容。签字仪式顺利完成之后,双方又举行了简短而成功的新闻发布会。

 想一想

你知道对方代表为什么露出笑容吗?

应知应会

一、签字仪式

在商务交往中,为了使有关各方重视合同、遵守合同,在签署合同时,应举行郑重其事的签字仪式。此即所谓签约。在签字仪式中应注意以下礼仪要求:

(一)要布置好签字厅

一间标准的签字厅,室内应当铺满地毯,除了必要的签字用桌椅外,其他一切的陈设都不需要。正规的签字桌应为长桌,其上最好铺设深绿色的台呢,签字桌应当横放于室内。在其后,可摆放适量的座椅。签署双边性合同时,可放置两张座椅,供签字人就座,座位之间应有1.5米左右的距离。签署多边性合同时,可以仅放一张座椅,供各方签字人签字时轮流就座;也可以为每位签字人都提供一张座椅。

 **小贴士**

签字时的礼仪

签字人在就座时,一般应当面对正门。在签字桌上,循例应事先安放好待签的合同文本以及签字笔、吸墨器等签字时所用的文具。与外商签署涉外商务合同时还需在签字桌上插放有关各方的国旗。插放国旗时,在其位置与顺序上,必须按照礼宾序列插放。

（二）要安排好签字时的座次

在正式签署合同时,各方代表对于礼遇均非常在意,合乎礼仪的做法是:在签署双边性合同时,应请客方签字人在签字桌右侧就座,主方签字人则应同时就座于签字桌左侧。双方各自的助签人,应分别站立于各自一方签字人的外侧,以便随时对签字人提供帮助。双方其他的随员,可以按照一定的顺序在己方签字人的正对面就座。也可以依照取位的高低,依次"自左至右"（客方）或是"自右至左"（主方）地列成一行,站立于己方签字人的身后。当一行站不完时,可以按照以上顺序并遵照"前高后低"的惯例排成两行、三行或四行。原则上,双方随员人数,应大体上相近。

（三）要预备好待签的合同文本

依照商界的习惯,在正式签署合同之前,应由举行签字仪式的主方负责准备待签合同的正式文本。

负责为签字仪式提供待签合同文本的主方,应会同有关各方一道指定专人,共同负责合同的定稿、校对、印刷与装订。按常规,应为将在合同上正式签字的有关各方,均提供一份待签的合同文本,必要时还可再向各方提供一份副本。

签署涉外商务合同时,比照国际惯例,待签的合同文本,应同时使用有关各方法定的官方语言,或是使用国际上通行的英文、法文。此外,亦可同时使用有关各方法定的官方语言与英文或法文。

 **小贴士**

如何签外文合同?

使用外文撰写合同时,应反复推敲,字斟句酌,不要望文生义或不解其意而乱用词汇。待签的合同文本,应以精美的白纸制成,按大八开的规格装订成册,并以高档质料,如真皮、金属、软木等作为其封面。

（四）要规范好签字人员的服饰

按照规定,签字人、助签人以及随员,在出席签字仪式时,应当穿着具有礼服性质的深色西装套装、中山装套装或西装套裙,并配以白色衬衫与深色皮鞋。男士还必须系上单色领带,以示正规。

在签字仪式上露面的礼仪人员、接待人员,可以穿自己的工作制服,或是旗袍一类的礼仪性服装。

（五）签字仪式的程序

签字仪式是签署合同的高潮,虽然时间不长,但要求规范、庄重而热烈。

签字仪式的正式程序一共分为四项,分别是:

（1）签字仪式正式开始。有关各方人员进入签字厅,在既定的位次上各就各位。

（2）签字人正式签署合同文本。通常的做法是首先签署己方保存的合同文本,然后由助签人员交换文本,再接着签署他方保存的合同文本。

 小贴士

签字的商务礼仪

每个签字人在由己方保留的合同文本上签字时,按惯例应当名列首位,因此,每个签字人均应首先签署己方保存的合同文本,然后再交由他方签字人签字。这一做法,在礼仪上称为"轮换制"。它的含义是在位次排列上,轮流使有关各方均有机会居于首位一次,以显示机会均等、各方平等。

（3）签字人正式交换已经有关各方正式签署的合同文本。此时,各方签字人应热烈握手,互致祝贺,并相互交换各自一方使用过的签字笔,以志纪念。全场人员应鼓掌,表示祝贺。

（4）共饮香槟酒互相道贺。交换已签的合同文本后,有关人员,尤其是签字人应当场共饮一杯香槟酒,这是国际上用以增添喜庆色彩的通行做法。

在一般情况下,商务合同在正式签署后,应提交有关方面进行公证,此后才正式生效。

二、新闻发布会

一个单位或组织要想让其他单位或公众了解自己的一些情况,从而建立相互信任、真诚相待的友谊,树立自身良好的社会形象,那么,最快的、最好的方式就是举行新闻发布会。通过公众可以信赖的新闻媒体,把组织的想法、计划等情况,开诚布公地传播出去。

新闻发布会的礼仪规范,主要有以下几个方面:

（一）主题明确

新闻发布会的组织者一定要明确主题,以便确定邀请新闻记者的范围,做到有的放矢。如果主题不明,新闻记者就不可能按照组织者预定的目的传播信息,甚至会弄巧成拙,损害组织在公众中的形象。

（二）确定发布会地点

根据发布会主题来确定地点。一般情况下,可在本单位或租用的宾馆、大酒店举行,希望造成全国性影响的,可在首都或某大城市举行。

（三）选择好发言人、主持人

1. 要注意外表的修饰

按照惯例,主持人、发言人以化淡妆为主。发型应当庄重而大方。男士应着深色西装套装、白色衬衫、黑袜、黑鞋,并且打领带;女士则宜穿单色套裙,肉色丝袜,高跟皮鞋。服装必须干净、挺括,一般不宜佩戴首饰。在面对媒体时,主持人、发言人都要注意举止自然而大方。要面带微笑,目光炯炯,表情自然,坐姿端正。

2. 要注意相互的配合

在新闻发布会上,主持人与发言人必须保持一致的口径。当媒体提出的某些问题过于尖锐或难于回答时,主持人要想方设法转移话题,不使发言人难堪。而当主持人邀请某位新闻记者提问之后,发言人一般要给予对方适当的回答。

3. 要注意语言艺术

（1）简明扼要,不管是发言还是答问,都要条理清楚、重点突出。

（2）在不违法、不泄密的前提下提供新闻,满足媒体在这一方面的要求;发言要生动灵活,面对冷场或者冲突爆发在即,讲话者生动而灵活的语言,往往可以化险为夷。

（3）在新闻发布会上记者经常会提出一些尖锐而棘手的问题,遇到这种情况时,发言人能答则答,不能答则应当巧妙地避实就虚,或是直接说无可奉告,但要做到温文尔雅。

三、展览会礼仪

（一）努力维护整体形象

参展单位的整体形象,主要由展示之物的形象与工作人员的形象两个部分所构成。

1. 展示之物的形象

展示之物的形象主要由展品的外观、展品的质量、展品的陈列、展位的布置、发放的资料等构成。用以进行展览的展品,外观上要力求完美无缺,质量上要优中选优,陈列上要既整齐美观又讲究主次,布置上要兼顾主题的突出与观众的注意力,而用以在展览会上向观众直接散发的有关资料,则要印刷精美、图文并茂、资讯丰富,并且注有参展单位的主要联络方式。

2. 工作人员的形象

在一般情况下,要求在展位上工作的人员应当统一着装。最佳的选择是身穿本单位的制服,或者是穿深色的西装、套裙。在大型的展览会上,参展单位若安排礼仪小姐迎送宾客,则最好请其身穿色彩鲜艳的单色旗袍,并胸披写有参展单位或其主打展品名称的大红色绶带。为了说明各自的身份,全体工作人员皆应在左胸佩戴标明本人单位、职务、姓名的胸卡,唯有礼仪小姐可以例外。按照惯例,工作人员不应佩戴首饰,但男士应当剃须,女士则最好化淡妆。展会期间工作人员最好站立而不是端坐着,不在展会上吃东西,不聚众聊天。

(二)时时注意待人礼貌

在展览会上,不管是宣传型展览会还是销售型展览会,参展单位的工作人员都必须真正地意识到观众是自己的上帝,为其热情而竭诚地服务则是自己的天职,应注意以下几点:

(1)展览一旦正式开始,全体参展单位的工作人员即应各就各位,站立迎宾。当观众走近自己的展位时,不管对方是否向自己打招呼,工作人员都要面带微笑,主动地向对方说:"您好!欢迎光临!"随后,还应面向对方,稍许欠身,伸出右手,掌心向上,指尖指向展台,并告知对方:"请您参观"。

(2)当观众在本单位的展位上进行参观时,工作人员可随行于其后,以备对方向自己进行咨询;也可以请其自便,不加干扰。假如观众较多,尤其是在接待组团而来的观众时,工作人员亦可在左前方引导对方进行参观。对于观众所提出的问题,工作人员要认真作出回答。

(3)当观众离去时,工作人员应当真诚地向对方欠身施礼,并道以"谢谢光临",或是"再见!"

(三)善于运用解说技巧

解说要因人而异,使解说具有针对性。与此同时,还要突出自己展品的特色。在实事求是的前提下,要注意对其扬长避短,强调"人无我有"之处。在必要时,还可邀请观众亲自动手操作,或由工作人员进行现场示范。此外,还可安排观众观看与展品相关的影视片,并向其提供说明材料与单位名片。

(四)展会其他注意事项:

(1)展会期间注意记录客户资料的笔记本和参展样品的安全,防止被人偷窃。

(2)每天闭馆后要及时开展总结大会,总结一天的工作,发现问题及时解决。

(3)对重大客户尽量及时跟进,保持联系。

(4)要指定专人接待媒体,工作人员佩戴好胸牌。

 **小贴士**

解说中的"FABE"

说明材料与单位名片应常备于展台之上,由观众自取。宣传型展览会解说的重点应当放在推广参展单位的形象上。而销售型展览会解说的重点则必须放在主要展品的介绍与推销上。按照国外的常规说法,解说时一定要注意"FABE"并重。FABE中的"F"是指展品特征、"A"是指展品优点、"B"是指客户利益、"E"是指可资证据。

 **案例点拨**

"案例导入"中,对方代表露出笑容是因为他们受到了礼遇、得到了重视。按照国际惯例,在各种商务场合应该遵循"右为上"的原则。因为签字仪式由我方负责,所以对方代表即为"客",因此,对方代表坐在签字桌的右侧,其国家的国旗也摆在了右侧。

素养训练

假设你是某品牌手机销售展览会现场的工作人员,一位参观者对你公司某一款手机很感兴趣。请两位同学扮演不同的角色,完成以下的对话,并留意礼仪是否到位。

工作人员:"这是我们公司的新产品……"

参观者:"这款手机与其他手机在功能上有何不同?"

工作人员:

_____

参观者:"这款手机好像比有类似功能的其他品牌手机贵了很多。"

工作人员:

_____

主题 **6.4** 商务旅行礼仪

 **学习目标**

我们将学习到……

◇ 乘坐交通工具的礼仪

◇ 入住饭店的礼仪

 案例导入

　　王芳是一位品学兼优、精明强干的女大学生。毕业后被一家外资企业看中了。在一次和外方总经理出差到上海途中,由外方总经理亲自驾车,王芳坐在了轿车的后排座位,外方总经理看到此情景有点不悦。当到达入住的酒店时,王芳因为预订的事情与前台服务员发生争执。出差回来,王芳被解聘,但是她一时想不通为什么会被解聘?

想一想

　　根据以上的情境描述,你知道王芳为什么会被解聘吗?

应知应会

一、乘坐交通工具的礼仪

（一）乘车时座次的尊卑

　　在比较正式的场合,乘坐轿车时一定要分清座次的尊卑,在适合自己身份之处就座。轿车上座次的尊卑,在礼仪上来讲,主要取决于下述四个因素:

　　1. 轿车的驾驶者

　　驾驶轿车的司机,一般可分为两类人:一是主人,即轿车的拥有者;二是专职司机。国内目前所见的轿车多为双排座与三排座。以下分述其驾驶者不同时,车上座次尊卑的差异。

　　（1）主人亲自驾驶轿车:一般前排座为上,后排座为下;以右为尊,以左为卑,如图6-7所示。

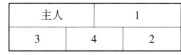

主人		1
3	4	2

图6-7　主人驾驶轿车

 **小贴士**

乘车座次的安排

　　主人驾驶的轿车,最重要的是不能令前排座空着。一定要有人坐在那里,以示相伴。由先生驾驶自己的轿车时,则其夫人一般应坐在副驾驶座上。由主人驾车送其友人夫妇回家时,友人之中的男士一定要坐在副驾驶座上,与主人相伴,而不宜形影不离地与其夫人坐在后排,那将是失礼之至。

（2）专职司机驾驶轿车:通常仍讲究右尊左卑,但座次同时变化为后排为上,前排为下,如图 6-8 所示。

2. 轿车的类型

上述方法,主要适用于双排座、三排位轿车,对于其他一些特殊类型的轿车并不适用。轿车通常是指座位固定、车顶固定

主人		1
3	4	2

图 6-8　专职司机驾驶轿车

的各种专用客车。从这个意义上讲,它还应包括吉普车和其他多排座客车。座次的尊卑各有一些不同。

3. 轿车上座次的安全系数

从某种意义上讲,乘坐轿车理当优先考虑安全问题。从客观上讲,在轿车上,后排座比前排座要安全得多。最不安全的座位,当数前排右座。最安全的座位,则当推后排左座(驾驶座之后),或是后排中座。

（1）当主人亲自开车时,之所以以副驾驶座为上座,既是为了表示对主人的尊重,也是为了表示与之同舟共济。

（2）由专职司机驾车时,副驾驶座一般也叫随员座,通常坐于此处者多为随员、译员、警卫、秘书等。有鉴于此,一般不应让女士坐于专职司机驾驶的轿车的前排座,孩子与尊长也不宜在此座就座。

4. 轿车上嘉宾的本人意愿

通常,在正式场合乘坐轿车时,应请尊长、女士、来宾就座于上座,这是给予对方的一种礼遇。然而,更为重要的是,与此同时,不要忘了尊重嘉宾本人的意愿和选择,并应将这一条放在最重要的位置。

 特别提醒

　必须尊重嘉宾本人对轿车座次的选择,嘉宾坐在哪里,即应认定哪里是上座。即便嘉宾不明白座次,坐错了地方,也不要轻易对其指出或纠正。这时,务必要讲"主随客便"。

（二）乘车注意事项

与其他人一同乘坐轿车时,即应将轿车视为一处公共场所。在这个移动的公共场所里,同样有必要对个人的行为举止多加约束。

1. 不要争抢座位

上下轿车时,要井然有序,相互礼让。不要推搡拉扯,尤其是不要争抢座位,更不要为自己的同行之人抢占座位。

2. 不要动作不雅

在轿车上应注意举止。穿短裙的女士上下车最好采用背入式或正出式,即上车时双腿并

拢,背对车门坐下后,再收入双腿,如图 6-9 所示。下车时正面面对车门,双脚着地后,再移身车外,如图 6-10 所示。

3. 不要不讲卫生

不要在车上吸烟,或是连吃带喝,随手乱扔。不要往车外丢东西、吐痰或擤鼻涕。不要在车上脱鞋、脱袜、换衣服、化妆,或是用脚蹬踩座位,更不要将手或腿、脚伸出车窗之外。

图 6-9　女士进车时的礼仪

图 6-10　女士下车时的礼仪

4. 不要不顾安全

不要与驾车者长谈,以防其走神。不要让驾车者听移动电话或看书刊。协助尊长、女士、来宾上车时,可为之开门、关门、封顶。在开、关车门时,不要弄出声响,夹伤人。在封顶时,应一手拉开车门,一手挡住车门门框上端,以防止其碰人。当自己上下车、开关门时,要先看后行,切勿疏忽大意,出手伤人。

(三) 乘车时上下车顺序

上下轿车的先后顺序也有礼可循,其基本要求是:倘若条件允许,须请尊长、女士、来宾先上车,后下车。主要有以下几种情况:

1. 主人亲自驾车

主人驾驶轿车时,如有可能,均应后上车,先下车,以便照顾客人上下车。

2. 分坐于前后排

乘坐由专职司机驾驶的轿车时,坐于前排者,大都应后上车,先下车,以便照顾坐于后排者。

3. 同坐于后一排

乘坐由专职司机驾驶的轿车,并与其他人同坐于后一排时,应请尊长、女士、来宾从右侧车门先上车,自己再从车后绕到左侧车门上车。下车时,则应自己先从左侧下车,再从车后绕过来帮助对方。

4. 折叠座位的轿车

为了上下车方便,坐在折叠座位上的人,应当最后上车,最先下车。

5. 乘坐三排九座车

坐三排九座车时,一般应是低位者先上车,后下车。高位者后上车,先下车。

6. 乘坐多排座轿车

乘坐多排座轿车,通常应以距离车门的远近为序。上车时,距车门最远者先上,其他人随后由远而近依次而上。下车时,距车门最近者先下,其他随后由近而远依次而下。

二、入住饭店的礼仪

商务人士经常出差在外,饭店成了他们临时的"家",在这个临时的"家"里也能体现出一个人的修养。因此,在饭店住宿时应注意以下几点:

(一)到店前的礼仪

要住饭店最好提前预订,大多数饭店都会在一定的时间内保留预订。万一比预订时间到达晚得多,为避免预订被取消,就要尽快用电话通知饭店方。另外,如果要取消房间,有礼貌的做法是及时打个电话取消,这样饭店就可以把房间安排给别人。

(二)到店时的礼仪

1. 在前台

进入大堂后,首先应该到前台登记,如果带了大量的行李,门童会帮助搬运行李,你可以礼貌地谢过之后去登记入住。如果前面有正在登记的客户,应该静静地按顺序等候。与其他客人保持一定的距离(通常1米左右)。

2. 在客房

(1)不要随地吐痰,不要在墙上乱画,不要弄脏家具的表层,废弃物要扔到垃圾筐里,东西尽量摆放得整齐有序。

(2)淋浴时,把浴帘的下部放在浴缸里面,以避免把水弄到外面而把地板弄湿。淋浴完之后,把浴帘的下部放在浴盆的外面。把自己落在浴盆里的头发拾起来。

(3)在宾馆饭店住宿要注意不妨碍他人。出入自己的房间要轻声关门,也不要将房门大开。最好不要站在走廊里交谈,更不要窥视陌生人的房间。自己休息时,可以在门外悬挂"请勿打扰"的牌子。

(4)住店期间应该多从环保的角度考虑,减少梳子、拖鞋等一次性物品的使用。服务员打扫房间时要主动配合,当服务员打扫完毕离开房间时,应对其致谢。

(三)离店的礼仪

结账离店是和饭店的最后一次接触,在准备走之前,可以先给前台打个电话通告一声,如果行李很多,就可以请他们安排一个人来帮提行李。结完账,应礼貌地致谢,与服务人员道别。

特别提醒

每个国家都有各自的习俗,出访时要事先了解各国的旅行禁忌。

案例点拨

"案例导入"中,王芳被解聘的原因有两方面:

(1)她不懂得轿车座位的礼节,经理亲自驾车,她坐到后排座位这通常被理解为有意怠慢亲自驾车的主人。

(2)她不懂得入住酒店的礼仪,即使酒店在预订信息方面真的与王芳的预订信息有出入,也不该在公共场合大声喧哗。

素养训练

陈超受董事长的委派,准备到外地与一家外贸公司进行商务洽谈,提前入住当地的一家高级饭店。因需前期的准备,他的客房便成了他的办公室。一天,该外贸公司的业务主管施某登门拜访,陈超打开门,施某愣住了:房间地上丢满纸张,饮料瓶翻倒在地,浴室的地面湿漉漉的,浓浓的烟味扑面而来。施某二话没说,便扬长而去。

试问:施某为何扬长而去呢?你觉得陈超应该怎么做,才能合乎一位商务人士住店的礼仪?

_____

_____

_____

_____

回 顾 总 结

本单元重点介绍了各类不同形式的宴请礼仪、会务礼仪、信函礼仪和商务人士在旅行中的礼仪。

拓 展 训 练

请同学扮演不同的角色(主持人、签字人、出席来宾、接待和后勤人员等),策划并表演某中职学校和企业联合办学的签字仪式。

礼尚往来。往而不来,非礼也;来而不往,亦非礼也。

——《礼记·曲礼上》

单元 7　商务客户礼仪

 任务设定

1. 接待客户礼仪
2. 邀约礼仪
3. 拜访礼仪
4. 受理投诉礼仪

主题 7.1　接待客户礼仪

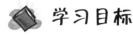

学习目标

接待客户礼仪

我们将学习到……

◇ 热情周到地迎接客户

◇ 正确恰当地引导客户

◇ 礼貌周全地接待客户

◇ 谦恭有礼地送别客户

案例导入

某机构为其一项庞大的建筑工程向全国各大工程公司招标。经过筛选,最后剩下 4 家候选公司。该机构便派遣代表团对各家公司进行考察。某工程公司经理要求市场营销专业毕业的中职学生张丽负责接待。代表团到达时,张丽在忙乱中出了差错,没有仔细复核飞机到达时间,未去机场迎接客人。代表团便自己找到了商业中心的一家旅馆住下。代表团在听了局促不安的张丽的道歉后,同意在第二天上午 11:00 在经理办公室会面。第二天工程公司经理和张丽按时到达办公室等候,可直到下午 3:00 多接到了客人的电话说:"我们已订了下午的机票飞赴下一目的地。再见吧!"

想一想

若你是该工程公司员工张丽,将如何接待代表团,给客户留下良好的印象呢?

应知应会

古人云:"有朋自远方来,不亦乐乎?"广交朋友是人生一件乐事,热情好客是美德。接待客户要十分讲究礼仪,它可以说是一门艺术。俗话说:"主雅客来勤。"客户的到来是每个公司最期待的事情,这些人都是公司重要的合作伙伴,所以,做好业务往来接待工作是相当重要的。完美地接待客户,可以为公司争取更多的利益和树立良好的企业形象,也可以使双方情谊进一步加深。

一、热情周到地迎接客户

（一）亲切灿烂的笑容

微笑是世界的共通语言,一个微笑能带给彼此一种会心的感觉。客户接待的第一秘诀就是展现亲切的笑容。当客户靠近的时候,接待人员绝对不能面无表情地说"请问您找谁? 有什么事吗? 您稍等⋯⋯",这样的接待会令客户觉得很不自在;相反的,接待人员一定要面带笑容地说"您好,请问有什么需要我服务的吗?"所以,要想拉近与客户之间的距离,一定别忘了展现自己的笑容。

(二)温馨合宜的招呼语

接待客户时,要多使用"您好""谢谢""对不起""请"等礼貌用语,让客户切身感受到亲切和友善。要学会根据环境不同变换不同的关怀话语,拉近与客户之间的距离,让客户产生宾至如归的感觉。尽可能使用赞美语,尽量避免使用双关语、忌讳语和不当言词。

(三)视线服务礼仪

眼睛是心灵的窗户,接待人员的眼神一定要柔和、亲切。接待人员在回答客户的咨询时,眼睛一定要看着客户,这是尊重客户最基本的礼节。但同时要把握好视线的角度和注视的时间,不要牢牢盯住对方的眼睛。视线要保持在社交范围内,将视线停留在双眼与嘴部之间的三角区域,为社交注视,是社交场合常见的视线交流位置。如与客户交流时距离稍远,可将视线停留在额头至双肩构成的大三角区域。而且,视线要保持安全距离,就是即使伸长手也接触不到对方身体的距离。异性之间交谈,若女性不自主地往后退了一步,就表示男性与她的距离没在安全距离之内。因此,接待人员在服务客户的时候,必须与客户保持最适当的视线安全距离,不要让客户感觉到压力,只有这样客户才能安心与你交谈。

二、正确恰当地引导客户

(一)迎接客户的三阶段行礼

国内通行的三阶段行礼包括 15°、30°和 45°的鞠躬行礼。15°的鞠躬行礼是指打招呼,表示轻微寒暄;30°的鞠躬行礼是指敬礼,表示一般寒暄;45°的鞠躬行礼是指最高规格的敬礼,表达深切的敬意。

在行礼过程中,不要低头,要弯下腰,但绝不能看到自己的脚尖,下躬时双目注视脚尖前 1 米处的地面。要尽量举动自然,令人舒适;切忌用下巴向人问好。

 小贴士

令人不悦的服务表现

(1)当客户进来时,假装没看见,继续忙于自己的工作。

(2)一副爱理不理甚至厌烦的应对态度。

(3)以貌取人,依客户外表而改变态度。

(4)言谈速度过快,缺乏耐心。

（5）身体背对着客户,只有脸向着客户。

（6）未停止与同事聊天或嬉闹。

（7）看报纸杂志,无精打采打哈欠。

（8）继续电话聊天。

（9）双手抱胸迎宾。

（10）长时间打量客户。

（二）引导手势要优雅

当客户进来的时候,男性引导人员需要行礼鞠躬,当手伸出的时候,视线要随着手动,手心向上,手的位置在哪里,视线就跟着去哪里。切忌指引方向时口中说着"这边请",而手却指向不同的方向。

女性引导人员在做指引时,手要从腰际顺过去,视线随之过去,很明确地告诉客户正确的方位;当开始走动时,手就要放下来,否则会碰到其他路人,等到必须转弯的时候,需要再次打个手势告诉客户:"对不起,我们这边要右转。"打手势时切忌五指张开或表现出软绵绵的无力感。

（三）注意危机提醒

在引导过程中要注意对客户进行危机提醒。比如拐弯处有斜坡,你就要提前对客户说"请您注意,拐弯处有个斜坡"。对客户进行危机提醒,让其高高兴兴地进来、平平安安地离开,这是每一位接待人员的职责。

（四）上下楼梯的引导方式

在引导客户上楼时,应该让客人走在前面,接待人员走在后面,请客户走在楼梯里侧,接待人员走在中间,配合客户的步伐速度引导;下楼时,接待人员走在客户的前面,请客户走在里侧,自己走在中间,边注意客户动静边下楼。

（五）引导客户进会客室

会客室的门分为内开和外开的,在打开内开的门时不要急着把手放开,避免令后面的客户受伤;如果要开外开的门,就更要注意安全,一旦没有控制好门,很容易伤及客户的后脑勺。所以,开外开门时,要用身体抵住门板,并做一个请的动作,当客户进去之后再随后将门轻轻地扣住。

三、礼貌周全地接待客户

（一）安排正确的座次

一般会客室离门口最远的地方是主宾的位置。假设某会议室对着门口有一个一字形的座位席,这些位置就是主管们的位置,而与门口成斜角线的位置就是主宾的位置,旁边是主宾的随从或者直属人员的位置,离门口最近的位置安排给年龄辈分比较低的员工。会客室座位的安排除了遵照一般的情况,也要兼顾特殊。有些人位居高职,却不喜欢坐在主位,如果他坚持一定要坐在靠近门口的位置时,就要顺着他的意思,让客户自己去挑选他喜欢的位置,接下来你只要做好其他位置的顺应调整就好。

（二）奉茶礼仪

最基本的奉茶之道,就是客户来访马上奉茶。奉茶前应先请教客户的喜好。俗话说:酒满茶半。奉茶时应注意:茶不要太满,以八分满为宜。水温不宜太烫,以免客户不小心被烫伤。同时有两位以上的访客时,端出的茶色要均匀,并要配合茶盘端出,左手捧着茶盘底部,右手扶着茶盘的边缘。奉茶时,要在杯子下半段二分之一处,右手在上,左手在下托着茶杯,递给客户,面带微笑,眼睛注视对方并说:"这是您的茶,请慢用!"要先给主宾和他的同事奉茶,最后给本公司的人员奉茶。女性一定要特别注意奉茶仪态。一名优秀的接待人员,一定要学会用合宜的方法为客户奉茶,通过奉茶的礼仪展现你个人乃至公司良好的形象。

（三）会客室环境维护

接待人员的另一项接待工作是维护会客室环境。在进入会客室之后,接待人员要注意对会客室的环境进行及时整理。具体对象包括桌椅、杯子、时钟、空气以及桌面。

在客户即将入座前,主动为客人拉开椅子,结束后,要将客户坐过的坐椅归位;将客户用过的茶杯收回;再查看桌面上有没有烟灰,若有,要及时擦干净,并把烟灰缸里的烟蒂倒掉,总之要随时保持桌面的清洁。

 特别提醒

接待客户时,要随时注意会客室内的时钟,要保证时钟所示时间是准确无误的;要及时更换过期挂历或台式的日历,千万不要将错误的信息留给客户;要让会客室内的空气保持流通,这样,客户就不会有憋闷的感觉,在舒畅的环境下才能更愉快地进行讨论。

四、谦恭有礼地送别客户

不同的客户应享受不同的送客礼,虽然都是谦恭有礼,但是公司要根据实际情况的不同将客户送至不同的地点,从而也就需要不同的送客礼。一般来说,客户离开时都要享受"全员送客礼",其他的主要送客礼还有电梯送客礼、玄关送客礼以及车旁送客礼。

（一）全员送客礼

全员送客礼一般发生在客户离开公司,经过一些办公室的时候。客户结束会谈将要走出公司时,必然要经过许多办公室。如果客户恰好经过你与其他员工办公的地方,你们只要看见客户就应该马上站起,将椅子推入桌下,每人都抬头看一下客户说一声"谢谢! 再见!",一定要力求做到"人人迎宾,人人送客"。这样的举动看似小题大做,其实很有必要,它会带给客户备受重视的感觉。

（二）电梯送客礼

电梯送客礼即将客户送至电梯口，等电梯即将关上时，再次行礼道再见。接待人员将客户送到电梯口时，在电梯门关上之前，都要对客户注目相送，等电梯即将关上的一刹那挥手示意或做最后一次的鞠躬礼，并说声："谢谢，欢迎再次光临！再见！"

（三）玄关送客礼

玄关送客礼即将客户送至门口，目送客户离开才可返回工作岗位。接待人员如果要将客户送到门口，要等到客户即将离开时做最后一次鞠躬，同时说："谢谢，欢迎再次光临"，并目送客户，直至消失不见才可返回自己的工作岗位。

（四）车旁送客礼

车旁送客礼即将客户送至汽车旁，等车子开走才可离开。如果接待人员将客户一直送到车旁，一定不要忘了在关车门的一刹那做最后一次鞠躬，并说"谢谢，请注意行车安全"，然后目送车子离开，直至看不见车影才可离开。

案例点拨

招待远道来访的代表团：

第一，应派身份地位与对方相称的人至机场迎接。

第二，安排好酒店并为其接风洗尘。

第三，准备一本导游手册并为他们做简短介绍。

第四，若他们是国外客户，中文不熟练，可安排一位翻译。

第五，在工作出现疏漏时，应及时向客户道歉，并积极妥善地处理失误，争取客户的谅解。

第六，约好在己方办公室会面时，应派人把客户接过来。

每个人都喜欢与亲切有礼的人交往，每一位客户都希望受到尊重，所以，在接待客户时，不论是代表公司或个人，都应给客户留下良好的印象。

"案例导入"中，张丽先是忙中出错，有失礼节，之后，再次失礼，最终错失了来访客户。

素养训练

假设你是某集团的接待人员，要引领客户去会客室，你将如何做呢？（请两位同学上台分别扮演接待人员和来访客户配合完成训练。）

主题 7.2　邀　约　礼　仪

学习目标

我们将学习到……
◇ 商业邀请的目的
◇ 邀请函的设计与制作
◇ 邀请函的格式及内容
◇ 邀请函的邮寄
◇ 回复邀请

案例导入

某集团要举办公司创办十周年庆祝酒会。王晨总经理布置给文秘专业中职毕业生张晓铭一个任务,要求他邀请 50 位与会客户。张晓铭欣然接受,他设计了精美的邀请函,同时附上一份专用的"回复卡",而且提前三周寄出。两天后,张晓铭又打电话邀请与会的客户,并请他们注意查收邀请函。两周后,张晓铭收到了 49 位客户的接受邀请的回复,1 位客人回复因公出国无法前来。该集团公司创办十周年庆祝酒会举办得非常成功。

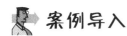

想一想

你想知道张晓铭在商业邀约方面的成功经验吗?

应知应会

在商务交往中,因为各种各样的实际需要,商务人员必须向一定的交往对象发出约请,邀请对方出席某项活动,或是前来我方做客。这类性质的活动,在商务礼仪中称为邀约。

一、商业邀请的目的

(1) 表现公司的友善,希望与客户合作愉快。

(2) 招待及感谢客户的支持。

(3) 回报别人的帮助或求得别人的帮助或恩惠。

(4) 为了感谢、回报别人对自己的款待。

(5) 庆祝某些事,如公司周年庆。

(6) 拓展新的合作关系与结识新的客户,以扩展业务范围。

(7) 利用商业邀请的机会去认识分析别人。

 **小贴士**

正式邀约与非正式邀约

在一般情况下,邀约有正式与非正式之分。正式邀约多采用书面形式,主要有邀请函邀约(又称请柬邀约或请帖邀约)、书信邀约、传真邀约、便条邀约、电子邮件邀约等,统称为书面邀约。它适用于正式的商务交往中。非正式邀约主要有当面邀约、托人邀约以及电话邀约等不同的形式,统称为口头邀约。它多适用于商界人士非正式的接触之中。

二、邀请函的设计与制作

邀请函是艺术化的通知,制作比较讲究、漂亮,很多人把它作为艺术品来收藏。

(一) 邀请函的形式

1. 通用邀请函

一般中小型的庆贺活动经常采用通用邀请函。市场上出售的多是这种邀请函。应尽量选择一种适合自己庆贺活动主题要求的邀请函。

2. 自制邀请函

商务组织举行大型的庆贺活动,要求高,人数多,需要自行设计印制。设计者不一定要墨守成规,可以设计令人耳目一新的作品。这类邀请函比较有个性,设计精美,是收藏的珍品。

3. 手写邀请函

手写邀请函比较少,一般供个人小型庆贺活动之用。邀请人本人具有相应的书法造诣,因此自己设计,亲自书写。

4. 电子邀请函

现在流行用 H5 工具制作电子邀请函(如 MAKA、兔展、易企微软件等)或利用 Vgo 微信海报等进行会议邀请。可以做到一对一邀请,让每个收到这份电子邀请函的客户都能感受到独一无二的诚意,也可以上传不同的照片、不同的祝福语,甚至录制一段特殊的语音给指定客户,配合炫酷滑动效果,增强电子邀请函的趣味性。

(二)被邀请人的姓名

被邀请人的姓名是商务邀请函的主要内容。现在比较完备的商务邀请函由本件及信封组成。在信封和邀请函本件上都要写上被邀请人的姓名。姓名一般写在邀请函的上首,也可写在"恭请"之后。在信封上,收件人姓名应写在信封中间,加上"先生、女士或职务"等称呼,称呼与姓名字体大小相同,切不可将称呼的字体缩小。称呼后加"收、启、大启、勋启",一般不用"敬启",敬启表示恭敬地打开信件,极不妥当。

(三)时间、地点、招待形式

时间、地点、招待形式也是商务邀请函的重要内容。基本的有两种格式:一种是包含在事由栏中,即"兹定于××××年×月×日(时间)假座×××(地点)举行什么内容的活动,会后举行什么招待(形式)"。还有一种是事由栏里,只写举行什么内容的活动,而在邀请函的左下角另印有时间、地点、招待形式栏。

(四)商务邀请函的格式

商务邀请函的格式与其他书信一样。商务邀请函有横式与直式两种格式,均可选择使用。如果是涉外活动的话,一般应以横式为主。

(五)商务邀请函的颜色

商务邀请函的颜色没有统一的明文规定,是属于约定俗成的习惯。喜庆活动的邀请函一般采用大红烫金的颜色;开张、落成、揭幕等典礼的邀请函一般采用粉红色或橘红色;纪念、联谊等邀请函宜用庄重、朴素色。

 小贴士

注重体现时尚性的邀请函

有些商业用途的邀请函注重体现时尚性,例如化妆品、香水、流行资讯、家具等行业的邀请函。这些行业需要以充分的想象力来与大众交流,因此所选用的邀请函的材质和颜色都有比较大的弹性范围。

三、邀请函的格式及内容

正式的邀请函内容一般包括下列要素：

（一）名称

在封面或第一行正中写上"邀请函""请柬"或"请帖"。

（二）称呼

一般起首顶格写被邀请人或单位的姓名或名称。通常会在姓名前面加上敬语，如"尊敬的"等，在姓名的后面增加一些职务、头衔等说明，如"教授、局长、经理"等。在称呼的下一行，空两格写问候语，对被邀请人进行简单的问候，如"您好"等。

（三）正文

空两格书写，交代会议或活动的性质、内容、时间和地点。必要时还应将入场券等凭证附上。

（四）结尾

习惯上在正文之后写"恭请光临""敬请莅临"或"欢迎指导"等礼貌用语，有的还缀以"此致——敬礼"或"顺致——崇高的敬意"等字样。

（五）落款

最后要在正文内容后的右下方写明发出邀请函的单位名称或个人姓名。名称要用全称，以单位名义发的请柬，落款要盖章，以示敬重。最后写明发出邀请函的日期（年、月、日）。

（六）附启语

有些邀请函根据不同情况还有各种附启语。例如，"每柬×人""凭柬入场""地址××大街××号"或"能否应邀希早回复"等附启语。附启语常写于邀请函的左下方。

四、邀请函的邮寄

负责处理邀请函的邮寄事务者，应注意下列事项：

（一）决定信封上的字体为手写或打字

手写最好使用黑色签字笔，要工整漂亮；打字宜整齐清楚。重要的邀请函绝不可以用打印的标签贴地址。

（二）决定如何选贴邮票

如果想使邀请函看起来别具一格，最好不用"国内邮资已付"的邮寄方式寄出，必须细心选贴邮票。

（三）装填邀请卡

邀请卡的装填应使收件人在打开信封后，能立即看到邀请卡的正面。

（四）夹好其他资料

若有其他资料需要夹附，应仔细夹好以免掉落。

（五）至少提前一周寄到

一般情况下，不论以何种书面形式邀约客户，邀请函应当至少在一周之前到达对方手中。

五、回复邀请

在商务交往中，商界人士不管接到来自任何单位、任何个人的书面邀约，都必须及时、正确地进行处理。不论自己能不能接受对方的邀约，均须按照礼仪的规范，对邀请者待之以礼，给予明确的回答：或者接受邀请，或者婉言谢绝。

在写接受函时，应将有关的时间与地点重复一下，以便与邀请者核实无误。在写拒绝函时，则不必这样做。

拒绝邀约的理由应当充分。卧病、出差、有约在先等，均可采用。在回绝邀约时，勿忘向邀约者表示谢意，或预祝其组织的活动圆满成功。

 特别提醒

根据商务礼仪的规定，在比较正规的商务往来之中，必须以正式的邀约作为邀约的主要形式。而在正式邀约的诸形式之中，档次最高，也最为商界人士所常用的当属邀请函邀约。

 案例点拨

商业邀约的一切细节礼仪都可能会影响到这个客户与自己公司的商务关系。"案例导入"中的张晓铭根据商务礼仪的规则，精心安排了公司创办十周年的庆祝酒会。商业邀请不只是为达到受邀者赴会的目的，更是邀请人展现自身良好形象的时机。只有采用邀请函邀请嘉宾，才会被人视为与其档次相称。因此，从设计邀请函开始就不可马虎，应表现出独特的品位与风貌，以突显不同行业的形象特征。在商业邀约与宴请方面若都能做到有礼有节，就能起到事半功倍的效果。

附一：规范的邀请函正文示范一则

邀　请　函

尊敬的卢响先生：

××集团成立十周年庆祝酒会，谨定于 2021 年 4 月 28 日下午 18 时整于本市华侨饭店翡翠厅举行，敬请届时光临。

联络电话：×××××××

王晨敬邀
2021 年 4 月 8 日

附二：接受邀约的回函示范一则

　　××公司董事长兼总经理卢响先生非常荣幸地接受××集团总裁王晨先生的邀请,将于 4 月 28 日下午 18 时准时出席贵公司的十周年庆祝酒会。谨祝圆满成功,并顺致敬意。

2021 年 4 月 15 日

附三：拒绝邀约的回函示范一则

尊敬的王晨先生:

　　我深怀歉疚地告诉您,由于本人明晚将乘机飞往德国法兰克福市洽谈生意,故而无法接受您的邀请出席贵公司举办的十周年庆祝酒会。恭请见谅,谨致谢忱。

××公司　罗大华
2021 年 4 月 15 日

素养训练

　　亚克森公司为欢迎深圳贸易代表团来访,定于 2021 年 5 月 20 日晚在香溢大酒店明珠厅举行晚宴。特邀请环宇集团章开来董事长参加。请设计邀请卡一张,并在组内进行交流。若环宇集团章开来董事长参加宴会,如何回复邀请? 若因故不能参加宴会,该如何回复邀请?

主题 7.3　拜 访 礼 仪

 学习目标

我们将学习到……
◇ 拜访前的准备
◇ 等待会见时的礼仪
◇ 拜访时的注意事项

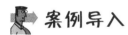 **案例导入**

市场营销专业毕业的陈洁在某集团市场部工作。星期二,她准备去拜访中岛公司的董事长卢响先生。于是,陈洁事先约定了拜访时间:下午两点。她准备好有关的资料及名片,整理好仪表,提前 10 分钟来到中岛公司。接待人员让她在会客室等候。在等待的过程中,陈洁再次翻阅了准备的资料。在与中岛公司董事长卢响先生的会谈过程中,陈洁能始终紧扣主题,简明扼要地表达了与中岛公司合作的意向,给卢响先生留下了很好的印象,最终促成了合作。

 想一想

陈洁在拜访客户时,在哪些方面做得比较成功呢?

 应知应会

拜访客户时,一定要遵守礼节、尊重客户,不能在客户面前表现得随随便便。为了做个有礼且受欢迎的客人,要做好拜访前的准备工作。

一、拜访前的准备

（一）事先约定拜访时间

约定拜访时间是拜访的第一步,需要特别强调的是不能贸然拜访,而是要依约前往。预约时最好告知对方拜访大概需用多长时间,这样可以充分体现出对客户的尊重。

 **小贴士**

拜访客户的最佳时间

（1）要选择客户心情很好的时候。

（2）要选择客户不太忙碌的时间。

（3）要避免在刚上班的时间、午休或下班前去拜访客户。

（4）客户工作告一段落的时间是拜访的一个最佳时段。

（二）备妥资料及名片

确定拜访的性质，准备相应的工作。若是商业拜访，应事先将相应的资料准备好，充分的准备是尊重对方的表现。

（三）注意仪容形象的修饰

拜访客户要注意仪容的修饰。衣着要大方得体；领口和袖口一定要干净；鞋子一定要擦亮。特别需要强调的是对头发的修饰：不要让刘海遮住眼睛，最好用发胶稍微把它固定一下；在交流过程中，切忌用手玩弄发丝，否则会给客户留下不稳重的印象。尤其值得一提的是，男士坐下来时要注意袜子与裤管中间是否露出腿毛，因为那是非常没有修养的表现。女士穿裙装时，必须配以丝袜，且袜口不能露于裙子外面，如果给客户留下良好的第一印象，拜访就成功了一半。

（四）充分了解客户的情况

拜访之前要充分了解客户的情况，这有助于编排谈话内容的顺序。只有做了充分准备，在拜访的时候，才能驾轻就熟，成功地达到预期的拜访目的。

 小贴士

适当的称谓

适当的称谓亦是商业礼节中重要的一点。如果与商业客户会面之前还不知道对方正确的称呼，可打电话请教其秘书。合适的称谓将能为你赢得在客户心目中的良好印象。

二、等待会见时的礼仪

当你准时到达访问公司时：

（1）用双手或右手将名片给前台人员，接着告知对方自己的姓名、所代表的公司、要拜访的对象，然后要有耐心地等候前台人员的通报。

（2）若被拜访者的前一个约会还没结束，柜台人员会安排你在贵宾室或会客室等候。此时千万不要显示出不耐烦的样子，要安静耐心地等待。

（3）等待时，不能翻阅小说或在纸上涂写，可熟悉拜访资料或向前台借阅公司宣传资料。

（4）拜访时，如果提前到达，千万不要在被拜访的公司内乱走，甚至乱翻别人的资料档案，这是非常失礼的行为。

（5）若想在拜访地借用电话，记住要尊重主人，得到主人的允许，才可使用电话。

（6）如果要拜访的对象由于某种原因，不能与你会面，或你无法再等候下去时，可留下名片，但切记——要将名片左上角往内折！这个动作是告诉对方你已经来过。

（7）若你在接待室中已等待超过 20 分钟，不管是否要继续等待，都可以问前台人员："您能否帮忙看一下，××先生何时有空呢？"对前台人员要有礼貌。

三、拜访时的注意事项

（一）遵守时间

与客户见面最忌讳的事情之一就是迟到。一定要遵守约定的时间。如果约定的时间是 9:00，最好能在 8:50 就到达客户所在的公司。提前到达的这 10 分钟，是用来搭电梯或走楼梯，整顿服装仪容的时间。所以，最好能在守时的前提下再早到几分钟。切记不能迟到，因为没有人愿意与不守时的人合作。

 特别提醒

　　拜访客户要注意控制拜访时间，一般性的拜访最好控制在 20 分钟左右。话题要简短明了，不得跑题。如果拜访时间过长，很可能会耽误对方的其他事情，所以要适可而止。当然，如果预约的拜访时间较长，交谈时间也可长于 20 分钟。例如：预约 1 小时的会谈，可以交谈 1 小时。

（二）拜访客户时要非礼勿听、勿视、勿动

拜访客户时，要记住非礼勿听、非礼勿视、非礼勿动。千万不要一看到客户与其他人交谈，就竖起耳朵；未经客户允许，不能私自翻阅客户资料；不要随意触摸客户的任何东西，尤其是笔记本电脑。

（三）谦恭有礼的谈话技巧

谈生意就从交换名片和寒暄开始。拜访客户时，访问者应先向对方递名片。在对方没有递给自己名片前，将名片准备好，以便交换时可以迅速地拿出来。递交名片时，还应顺便说些礼节性的客气用语，如"请多多指教""常联系"等。如果在交换名片时给对方留下好印象，销售的机会就来了。

开始会谈时先寒暄两句,例如:"您好!我是××公司的小张,感谢您对我们公司的关照。"寒暄时,一般应由主人采取主动,但寒暄时间不宜过长,因为商家强调的是分秒必争。交谈时,要认真倾听客户讲话,但不可目不转睛地直视对方,避免给对方造成压抑感。当预约的谈话时间快到时,可以说:"我们再保持联络,希望和您长期合作。"如果在约定的会谈时间里你无法说完,可以当场请教对方:"这次跟您预约的 20 分钟时间已经到了,能否再给我一点时间?"如果对方认为"可以续谈"的话,你可以继续谈下去。

（四）保持正确姿势

拜访客户,与客户交谈时,一定要保持正确的坐姿。入座时要轻、稳、缓。男性在与客户谈话时,应使两膝平整,膝顶部分开 1~2 个拳头的距离;两腿垂直向下,两手轻轻放在膝上,使脚尖与脚跟齐平一致。女性在与客户交谈时,背与椅背要保持一个拳头的距离,上身挺直,两手在膝上重叠,双膝并拢,脚要朝向同一方向,把靠内侧的腿稍微向后略偏,会显得更优雅。离开时,双手交叠放在腹部,真心诚意地鞠躬向主人表示感谢。女士若着裙装,应用手将裙子稍拢一下,以防坐出皱纹或因裙子被打折而使腿部裸露过多。不要坐下后再拉拽衣裙,那样不优雅。

（五）最好不要抽烟

在商业场合,最好不要抽烟。如果非抽不可,应征求主人的意见。边抽烟边洽谈公事时,请务必注意礼貌,千万不可朝他人脸部吐烟,这是非常不雅且不尊重他人的行为。

（六）当有人为你奉茶时要礼貌地回应

在商务活动中,当有人为你奉茶时,要注视奉茶者,并诚恳地说声"谢谢",当别人奉茶时不要用手去接,以免增加奉茶者的困扰。但若是领导或长辈亲自给你奉茶则要起身双手恭敬地接迎。受人招待奉茶时,如果无法说感谢,也要以和蔼的眼神予奉茶者以回应,绝不可视而不见、听而不闻,否则是非常失礼的行为。

喝茶时不可出声,不要因怕将茶叶喝入口中而以嘴滤茶,喝茶时出声是十分不雅的行为。

（七）告辞要有礼貌

会谈结束后,注意不要遗忘物品;要礼貌地向客户及办公室里的所有人告辞。可以说"打扰您这么长时间,非常抱歉!今后还请您多多关照"以表感谢之意。特别要注意的是,说过再见后,身体就该离开椅子了,不要半个钟头前说再见,半个钟头后还坐在椅子上。如果碰到受访者非常忙碌的时候,要有礼貌地请对方留步。经过引导人员身边时,要再度致谢。

案例点拨

"案例导入"中的陈洁在拜访客户时,能遵守礼节且尊重客户。

（1）事先约定了拜访时间，并在客户方便的时候进行拜访，表示对客户的尊重。

（2）做好拜访前的充分准备：准备好有关的资料及名片，整理好仪表，提早 10 分钟来到中岛公司。

（3）在等待会见客户的一段时间内，做到有礼有节。比如：没有到处走动，没有到处发名片，没有在报纸上乱涂乱画等。

（4）在与客户会谈中，能始终紧扣主题，不浪费客户时间，完美完成任务。

素养训练

请小组讨论以下拜访细节是否失礼，若有失礼之处，请指出如何做会更好。

（1）见到客户，自我介绍时，说话声音洪亮，显得有精神，给客户留下良好的印象，取得客户的信任。

_____

_____

（2）在接待室里，为了便于拿到资料，将自己的大公文包放在桌上。

_____

_____

（3）有人奉茶时，说"谢谢"等客套话。

_____

_____

（4）会谈中，为了表示自己在认真地听对方讲话，目不转睛地直视对方。

_____

_____

（5）因为接待室里备有烟灰缸，因此可以随意吸烟。

_____

（6）提早来到访问地，不马上到接待处，而是在公司里到处转转。

_____

_____

（7）拜访客户时，中间有闲聊式的谈话。

_____

_____

（8）等候客户时，随意翻阅书架上的杂志。

_____

_____

（9）喝茶时怕将茶叶喝入口中而以嘴滤茶，可以发出声音。

_____

_____

（10）会谈结束后，礼貌地向对方告辞，但是经过引导人员旁边时，可以置之不理。

_____

_____

主题 7.4　受理投诉礼仪

 ## 学习目标

我们将学习到……

◇ 受理电话投诉礼仪

◇ 受理访客投诉礼仪

◇ 受理客户投诉的注意事项

 **案例导入**

一日，大海机械公司员工电器专业毕业的林亿秀接到客户汪科长的投诉电话，对话内容大

致如下:

客户:你们公司的效率怎么那么差?

林亿秀:汪科长,很抱歉! 我姓林,能否告诉我究竟是什么原因让您那么生气?

客户:上个月跟你们公司订了一台裁纸机,说好上个星期五送货过来,现在都星期三了,为什么到现在还没看到货啊?

林亿秀:汪科长,真是抱歉,延误了贵公司的作业,我马上帮您查出货单,真是抱歉! 这是本公司的疏失,我会向主管反映此事,麻烦您把电话号码告诉我,查完出货单,马上回电话给您,请不要生气。

林亿秀查明原因后致电客户汪科长。

林亿秀:汪科长您好,我是大海机械公司,敝姓林,我已经帮您查过了,您订的机器,因缺少一个小零件,所以延误至今还没给贵公司送过去,本公司未能及时告知,这是我们的疏失,我已经跟经理报告了,经理也已经下达命令给生产科,这周星期五以前一定把机器给您送过去,经理会亲自到贵公司向您致歉,真是抱歉!

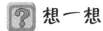 **想一想**

林亿秀在处理投诉电话的过程中,有哪些方面值得你学习呢?

 应知应会

投诉在商务活动中是不可避免的。一旦碰到客户的投诉,业务人员就应该设法安慰客户,寻找投诉产生的根源,并尽快做出妥善处理。只有这样,才能消除客户的不满,挽回客户对本公司的信任。

处理投诉如烫手山芋,每个人都不喜欢。但是,只要通过不断的努力,就可以逐渐让客户缓解怒气。掌握有效解决问题的应对礼仪和技巧,公司遇到的投诉将会越来越少,员工职业生涯也将越来越舒畅!

一、受理电话投诉礼仪

(一) 以客为尊,放下身价

在接到客户投诉电话的时候,业务人员应该努力放下身价,尽心为客户服务。处理电话投诉应该牢记以客户为尊,千万不要在言语上与客户产生争执。因为一旦客户因此而向上举报的话,必将影响到业务人员在本公司的工作环境。

(二) 找出投诉事由

为了有效地处理投诉电话,从而让客户感到满意,首先必须清楚地了解客户产生投诉的根源。有些客户在电话里洋洋洒洒地发了一大堆牢骚,却始终没有讲清楚事情的缘由。在这种情况下,业务人员应该客气地询问客户生气的真正原因,并承诺尽量为客户解决问题。不要因为客户的电话投诉是烫手山芋就人人避开,而应该勇于承担责任。

（三）寻求解决之道

在处理投诉电话的过程中,要发自内心、真心实意地去为客户服务,寻求从根本上解决问题的方法。

一般情况下,如果客户反映的问题在自己的职权范围内能够解决的,那么就应立刻为客户解决;如果是在自身的职权范围内无法解决的问题,则应该往上反映,直至问题得到妥善解决。

（四）请教同事或主管

个人的职权范围和能力终归是有限的,当个人无法立刻为客户解决问题而让客户感到不满意时,与其自己头痛,还不如集思广益,请教资历深的同事或上级主管。通过和同事们共同协商,努力向客户交出满意的答案。

（五）征询客户意见

由于对公司的产品或服务不满意而产生的投诉如何处理,客户的意见非常重要。在处理电话投诉的过程中,应该诚恳地询问客户对问题处理的意见。这时候,客户可能有两种表现:一是滔滔不绝地说了很多东西;二是情绪发泄完毕后干脆挂断电话。不管是哪一种结果,都可以让自己从中学到东西。

二、受理访客投诉礼仪

（一）接受投诉

访客投诉要迅速受理,绝不拖延,这是受理访客投诉的第一要素。避免对客户说"请您等一下",因为你并不了解这位客户的性格及这个投诉给他生活工作带来的影响。

投诉处理的目的不仅仅是避免给企业带来更多的麻烦,更重要的是希望通过有效处理投诉,能够挽回客户对企业的信任,使企业的口碑得到良好的维护,有更多的"回头客"。

（二）平息怨气

客户在投诉时,多带有强烈的感情色彩,具有发泄性质,因此要平息客户的怨气。客户服务人员在说话的时候,始终不能触及个人。因为客户服务人员必须要记住一点,客户不是对你有意见,而是对你的产品有意见。在客户盛怒的情况下当客户的出气筒,安抚客户,采取低姿态,承认错误,平息怨气,让客户在理智的情况下,分析解决问题。

（三）澄清问题

需要给客户一个宣泄不满和委屈的机会,来分散心里积压的不满情绪,如果放弃这个机会,就不利于投诉最终的处理。用提问题的方法,把投诉由情绪带入事件。

通过提问题,用开放式的问题引导客户讲述事实,提供资料。当客户讲完整个事情的过程以后,用封闭式的问题总结问题的关键。例如:"您刚才所说的情况是您在外地出差期间,您的手机经常没有信号,是这样的吗?"

(四)探讨解决,采取行动

探讨解决是指与客户讨论投诉的解决方法。例如,是退,是换,还是赔偿?很多客户服务人员往往是直接提出解决方案,客户失去了一个选择的余地,他就没有做上帝的感觉。

 小贴士

真正优秀的客户服务人员

(1)了解客户想要的解决方案,客户服务人员应主动提出:"您觉得这件事情怎么处理比较好?"征求意见是为了让客户感到受到尊重,受到重视。

(2)提出解决方案,迅速对客户投诉的问题进行有效解决。

(五)感谢客户

客户投诉可以指出公司服务与管理的缺点;可以使公司产品更好地改进;投诉是提供你继续为他服务的机会;投诉可以加强对方成为公司的长期理性顾客。因此,应客观理性地看待客户投诉。感谢客户是最关键的一步,这一步是维护客户的一个重要手段和技巧。客户服务人员需要说三句话来表达三种不同的意思:

第一句话是再次为给客户带来的不便表示歉意;

第二句话是感谢客户对于企业的信任和惠顾;

第三句话是向客户表决心,让客户知道我们会改进工作。

三、受理客户投诉的注意事项

在受理客户投诉的过程中,公司的业务人员应该平心静气、尽心尽力地替客户解决问题,尤其要注意以下各种具体事项:

(一)不断地向客户赔礼道歉

在处理投诉过程中,很可能会遇到得理不饶人的客户,这时候业务人员应该尽量向客户赔礼,努力化解客户心中的不满情绪。最好的应对办法是以柔克刚,通过自己的不断努力化解客户的怒气,而不是一味地推卸责任。

(二)记录问题点

在不断向客户赔礼道歉的过程中,不要忘记时刻记录问题点。将客户投诉时所提到的重点问题迅速记录下来,以便在事后按照记录的要点逐一对问题进行妥善处理。同时,还应该要求客户留下电话号码,以便日后联系。

(三)不要影响个人情绪

很多客户是因为对公司的产品或服务不满意而投诉公司,希望通过这样的方式来发泄一

下心中的怨气。因此,业务人员的个人情绪不应该受到客户抱怨的影响,否则很可能将事情越弄越僵。

（四）不要遮掩过失及怨言

业务人员不要只顾维护自己的公司而掩盖过失。如果一直以公司的立场为出发点,将责任都推到客户身上,必将会招致客户更大的抱怨。例如,新机器到了客户那里发生意外,如果指责是该公司现场员工操作失误弄坏的话,客户将更为气愤,认为公司是不负责任的。

（五）不要规避责任

业务人员不能规避责任。当遇到问题时,如果将投诉转给另一个同事处理,而这个同事又将投诉转给其他人处理时,客户肯定会暴跳如雷,甚至可能采取更为激烈的方式,与公司永远断绝往来,那样公司就得不偿失了。因此,要尽量做到及时处理。

（六）不要与客户产生争执

投诉时,客户难免是怨气冲冲的。当业务人员无论怎样解释都无法让客户满意时,业务人员也难免会产生火气。这时候要切记必须要压住火气,设法转移自己的情绪,和气地让客户慢慢叙述问题,避免发生进一步的争执。

（七）化解客户心中的怨气及安抚客户情绪

投诉如同烫手山芋,每个人都不喜欢处理。但是,只要通过不断的练习,就可以完全化解客户剑拔弩张的怨气,进而有效地解决问题。在今后遇到类似的难题时,则可以每天自我演练,这对业务人员的成长绝对是有好处的。

（八）反馈处理方式及进度,让客户了解

如果现场处理完毕最好;如果不能现场处理,需要客户留下电话号码,及时给客户回电话,让他了解问题解决的情况。如果只将客户离开当作事情完结,那么过了一段时间后,客户将更加气愤,过来质问为何问题还未得到解决。因此,要注意及时向客户反馈处理方式。

 特别提醒

处理投诉之后,将经验提供给同仁参考

处理客户投诉之后,不要忘记将信息提供给所有的同事分享。因为不同的客户所遇到的问题可能是相同的,因而其他同事也可能遇到其他客户相同的投诉。通过开会等形式,大家能够将问题点收集起来,整理成册,以便今后再遇到类似投诉时能在处理过程中做到统一口径,而且可以使同事在今后碰到类似投诉时有成功经验可以借鉴,不致重蹈覆辙。

 **案例点拨**

"案例导入"中的林亿秀在处理客户电话投诉过程中,值得我们学习的地方有以下几

方面：

（1）在接到客户投诉电话的时候，能以客户为尊，言语不起冲突。

（2）能有效地处理投诉电话，了解客户产生投诉的根源。

（3）能急客户所急，寻求从根本上解决问题的方法……

素养训练

假设你是某公司手机推销人员，一位客户怒气冲冲地上门投诉他从该公司购买的手机老是自动关机。请两位同学分别扮演推销人员和客户两个角色，进行简单演示。

回 顾 总 结

本单元着重从商务客户礼仪知识入手，介绍了在商务活动中接待礼仪、邀约礼仪、拜访礼仪及受理客户投诉礼仪。通过学习，熟悉并实际运用商务客户礼仪。

拓 展 训 练

李晶是某学校市场营销专业的毕业生，经多方考核，刚刚被杭州市一家服装公司录用，安排在市场部工作。这个星期，部门经理布置给她的任务是：星期二与星期四下午 2:00 接待来访客户；星期三上午 10:00 去拜访一位重要客户；于本周内初步设计出公司五周年庆祝酒会的邀请函。

如果你是李晶，如何在短短一周内做好访客接待与拜访客户的工作呢？如何根据公司的实际需要，设计出别具匠心的邀请函呢？在招待客户与拜访客户方面要注意什么礼仪呢？

微软离破产永远只有18个月。

——比尔·盖茨

单元 8　商务危机处理

 任务设定

1. 危机预防
2. 危机处理原则
3. 危机处理程序
4. 危机品牌重塑

主题 8.1　危 机 预 防

 学习目标

我们将学习到……
◇ 建立危机处理机构
◇ 制定危机处理计划
◇ 识别危机预警信号

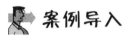 **案例导入**

李力是某中职学校市场营销专业高三的学生,在他父亲经营的一家大型超市实习,超市生意很红火。因李力在高二学习一门新课程——"商务公关",其中"危机公关"的内容给他很大的触动,他意识到目前超市没有完善的危机预防措施,这是很危险的,想给父亲做个提醒。

 想一想

你们能帮李力出谋划策进行危机预防吗?

 应知应会

天有不测风云,人有旦夕祸福,企业经营过程中遭遇危机时有发生。危机的预防工作,就是做最坏的打算,朝最好的方向努力,目的是把危机爆发的可能性降到最低点;或者在危机来临时,能从容应对,乃至化危机为机遇。危机处理专家有一个共识:最好的危机管理是预防。

 小贴士

商务危机的种类

商务危机分为两种。一种是自身无法控制的变故,是不可避免的;一种则是自身失误埋下的灾祸,是可避免的。前者的原因有:自然灾害、政策改变、意外事故等;后者的原因有:产品质量、管理失误、过度开发等。

一、建立危机处理机构

企业成立专门的危机处理机构,不仅可以有备无患,更重要的是,将危机管理理念融入企业的日常运作,从而降低危机爆发的概率。危机处理机构的主要作用在于全面清晰地对企业可能面临的各种危机进行预测;为处理危机制定有关策略和步骤;对企业所有的员工进行危机培训,使每一位员工都树立危机意识;在遇到危机时,能够全面、快速、系统地处理危机,并能够监督危机的发展及公司相关政策的执行;在危机结束时,能够及时调整公司的各种行为,运用各种手段恢复公众对公司的信任,重新塑造公司良好形象。

危机处理机构通常由最高决策成员、公关部经理、法律顾问、财务人员、技术开发人员、市场销售人员等组成。当危机来临时,依据危机的性质,补充相关人员。具体分工如下:

(1)最高决策成员担任小组的领导,可以使危机理念渗透在企业的管理中,特别是高层的直接参与,有助于提高危机处理的效率。

(2)公关专业人员(包括企业公关部工作人员、企业的合作公关公司)是危机处理的具体执行者,负责危机处理程序的优化和实施。在危机处理过程中,公关部经理往往充当新闻发言人。

(3)律师顾问熟悉企业日常运作过程中可能出现的各种法律问题,保证企业行为的正确性、合法性。企业随时面临各种诉讼,金额索赔,法律工作者能够帮助企业妥善解决。

(4)财务人员负责财务的预算和供给。危机处理过程中要进行宣传、沟通,或者是赔偿,都需要资金的支持。

(5)技术开发人员熟悉生产流程,在产品出现问题时容易查出问题的根源。他们善于回复来自公众,特别是消费者和媒体的疑问。

(6)市场销售人员熟悉产品的流通渠道,在产品销售出现问题时。他们易于知道问题源自哪一个环节。

 特别提醒

如果事件影响较大,群众反应激烈,还需要设立热线电话。

二、制定危机处理计划

商场如战场,对于潜在的危机,企业抱着侥幸心理去消极面对,是打没准备之战。危机属于非常态事件,企业组织不能只依靠现有的规章制度来应付,必须由危机处理机构事先拟订危机事件的处理计划与程序,作为危机管理的指导方针。

不同类型的企业由于其性质和经营状况不同,危机处理计划的重点也不尽相同,一份完整的危机处理计划书,大致上都包括以下几个部分:

(一)序言

(1)封面:计划名称、生效日期及文件版本号。

（2）授权书：要通过企业的法人代表、首席执行官授权，并签署发布，确保该文件的权威。

（3）关于制定、实施本计划的管理制度：包括保密制度，制订、实施、维护和更新计划的方案等。

（二）正文部分

（1）危机管理的目标和任务。

（2）危机管理小组的联络方式。

（3）危机管理的沟通原则。

（4）培训和演习方案、替补方案。

（5）危机的识别与分析。

（6）危机的应变指挥程序。

（7）恢复和发展方案。

三、识别危机预警信号

在危机管理计划中，有一个重要内容：危机的识别与分析，即将所有可能造成麻烦的事件列举出来，分析考虑可能的后果，并估算预防危机所需的花费，设法避免危机的发生。

几乎每一次危机的爆发都存在着一些征兆，但征兆往往非常细微和隐蔽，容易被人忽略，从而给危机的爆发留出了时间和机会。如何才能捕捉到这些信号并进行分析呢？

（一）危机管理人员需要具备敏锐的感知和一定的信息储备

1. 关注和分析国家宏观经济环境

关注和分析国家宏观经济环境主要包括国家重大经济政策的出台；国家领导人就目前经济形势的重要讲话；金融市场的变化等。

2. 关注行业走势及竞争对手动态

如专家学者、行业协会及竞争对手对整个行业的未来走向是如何预期的？目前行业及企业的问题焦点都聚集在哪些领域？竞争对手都有什么样的新品发布？

3. 关注和收集媒体信息

关注和收集媒体信息，除了关注传统的电视、电台、报纸、杂志媒体，还要重视网络媒体。

4. 收集利益相关者的信息反馈

利益相关者包括投资者、客户、员工、供应商、渠道商、政府执法检查监督者等。企业可以通过举办经销商恳谈会、VIP 会员联谊会、供货商的招标会等，收集建议和危机信号。

5. 捕捉组织内部潜在信息

捕捉组织内部潜在信息，使内部反馈和沟通系统畅通无阻。

（二）危机管理人员根据危机的预警信号分析判断

（1）企业财政困难，反映企业可能存在：决策失误、企业扩展过快、浪费严重、市场竞争力降低等问题。

（2）市场份额逐渐萎缩,表明企业可能存在:产品特色不突出、分销渠道受阻、品牌影响力下降、服务质量降低、促销策略不到位等问题。

（3）与媒体关系紧张,反映企业可能存在:经营政策私利过重、诚信度低、公众形象差、公关能力弱、违反了国家政策、侵害了社会利益等问题。

（4）高级人才流失,反映企业高层之间可能产生了某些难以调和的分歧。

（5）用户的意见增多,说明企业提供的产品和服务缺陷增多,管理系统出现了问题。

对"案例导入"中李力的爸爸所经营的超市,危机预防的主要措施为:

（1）邀请危机处理专家对员工和管理人员进行培训。因为公司缺乏危机防范意识,所以首先要对全体员工尤其是高层管理人员进行危机处理培训和指导。

（2）建立危机处理小组。由经理担任最高领导;人力资源部（或公关部）主任负责制定危机预防计划,并做好在危机发生时担任新闻发言人的准备。小组成员必须要有多个联系方式,确保能随时沟通。

（3）为每一个可能出现的危机制订应急计划。如失窃、停电、火灾、电脑系统安全、商品受损、消费者投诉、负面新闻报道、商品的紧急断货、供应商突然提价、停车场发生汽车事故、门店人员变更、关键人物缺失、自然灾难(如台风、洪水、地震、暴风雪)等。

（4）让员工熟悉危机预防计划。将危机预防计划制订成小册子,相关人员人手一册,组织员工学习,实习演练达到"临战不慌"的状态。

（5）与相关团体保持良好关系。如新闻媒体、政府部门、保险公司、公安局、供应商等。

秋天到了,天高气爽。学校要举办一场大型的学生运动会,校学生会体育部承担了协助管理和安全保护工作。往年的运动会虽然成功,但总有一些预料之外的事发生,如何让运动会更圆满呢?

请以小组为单位,模拟学生会体育部,讨论制定运动会危机预防计划。

主题 8.2　危机处理原则

学习目标

我们将学习到……

◇ 坦诚面对,勇于承担

◇ 当机立断,快速反应

◇ 系统运作,标本兼治

◇ 权威证实,赢回信誉

案例导入

某国的 4 名患者因服用某医药公司的××胶囊身亡。药检表明该胶囊中含有剧毒的氰化物。第二天,又有两人遭受同样的命运。该胶囊是止痛药,过去已服用了该产品的消费者感到十分恐慌。

想一想

面对这样严重的危机,该医药公司在处理过程中要持什么立场呢? 你认为它能顺利渡过这场危机吗?

应知应会

我们这一主题要谈的危机处理原则,就是指危机发生后企业在处理过程中要坚持的准则和立场,也是危机处理的指导纲要。

一、坦诚面对,勇于承担

危机发生后,公众不仅关注事实真相,在某种意义上更关注当事人的态度。无论谁是谁非,企业本身都要勇于承担责任。

即使消费者在事故发生中有一定责任,企业也不能自恃有理,一副公事公办的架势。冷漠、傲慢、敷衍、回避只能加深矛盾,引起公众的反感,造成危机的恶化。因为当消费者与企业对立的时候,消费者处于弱势,公众舆论自然会偏向消费者。企业不到万不得已,不要通过司法程序解决纠纷。

因此,在危机处理中,企业不仅要维护消费者的利益,更要妥善处理公众深层次的心理诉求。公众、媒体、消费者往往在心目中已经有了一杆秤,对企业有心理上的预期。企业只有坦诚面对,才能获得公众认可。

（一）诚实

企业要不回避问题和错误,及时与媒体和公众沟通,说明事件的真相和危机处理的进展情况,重拾消费者的信任和尊重。人们会原谅一个人的错误,但不会原谅一个人说谎。

（二）诚意

一切以消费者的利益为重,在事件发生后的第一时间,公司的高层应向公众说明情况,并致以歉意,做出负责的承诺和行动,赢得消费者的同情和理解。

特别提醒

　　对公众坦诚是第一位的。如果是对手恶意破坏,公司要把真相揭露出来;如果是公司的失误所导致的危机,公司要向受到侵害的一方真诚道歉,以取得谅解。要相信公众的判断力。

二、当机立断,快速反应

　　很多企业面对危机,或置之不理,或能拖则拖,或兵来将挡。这样做,即使侥幸躲过一时,也会留下隐患。大多数的情况只会"延误时机,扩大恶果"。因此,危机处理要遵循"快速反应"原则。

　　(一)快速制止谣言

　　很多危机的爆发都是从小事开始的。"好事不出门,坏事行千里",因为人们对负面消息的兴趣比正面消息更大。在危机出现的最初 12～24 小时内,坏消息会像病毒一样快速传播。而这时候,可靠的消息往往不多,充斥着谣言和猜测。公司的一举一动将成为外界评判其处理这次危机成效的主要根据。这是企业表明立场,澄清事实,消除谣言的最佳时机。

　　(二)快速控制事态

　　危机处理有个"黄金 24 小时"概念,要求企业在危机发生后的 24 小时内必须做出反应,当机立断,果断行动,及时与媒体和公众进行沟通,引导舆论,从而迅速控制事态。危机发生后,能否在最短的时间内控制住事态,使其不扩大、不升级、不蔓延,是处理危机成败的关键。"鸵鸟政策"只会扩大危机的范围,甚至使企业失去对全局的控制。

　　(三)快速表明诚意

　　危机处理中重要的不是谁对谁错,而是企业的诚意,企业的快速反应就表明了自己的诚意。如果企业没有过错,这就是一个很好的宣传机会;如果事实证明企业有过失,由于态度主动,有诚意,也容易取得公众的谅解。反之,企业在危机发生后迟迟不出面与媒体和公众沟通,就会给人傲慢、冷漠、不负责或者是不自信的印象。

三、系统运作,标本兼治

**小贴士**

危机处理原则的通俗说法

　　"说真话""赶快说""一个声音说话"。"说真话",是指诚信原则;"赶快说",是指快速反应原则;"一个声音说话",是指系统运作原则。

（一）统一口径

处理危机,企业内部需要系统部署,付诸实施。危机处理小组成员各司其职,每人掌握的信息各有侧重,观点也可能不尽相同,但是,对外口径必须保持一致。如果企业内部众说纷纭,会给人管理混乱的感觉,降低了公信力。所以,企业内部要保持沟通顺畅,让每个成员对危机都有清醒、全面的认识,统一观点,同仇敌忾,避免导致新的危机。

（二）争取外援

在处理危机时,争取政府部门、行业协会、权威人士、同行企业及新闻媒体的支持,让他们也和企业发出同样的声音,是重塑企业良好形象、赢得公众认可的必要手段。在能更有效地解决危机的同时,增强企业的公信力、影响力。

（三）治标治本

在预防一种危险时,不要忽视另一种危险。系统运作的原则还意味着,绝不可顾此失彼。要真正彻底地消除危机,必须透过表面现象看本质,需要在控制事态后,及时准确地找到危机的症结,对症下药,谋求治本。如果仅仅停留在治标阶段,就会前功尽弃,甚至引发新的危机。

四、权威证实,赢回信誉

（一）消费者相信第三方权威

消费者在购买了产品以后只求使用方便,很少有人关注产品的技术问题。一旦使用不便,消费者首先就会怀疑产品的质量。这时候企业不仅是要解决技术问题,还要重建消费者对产品的信心。而企业内部的技术人员不是消费者心目中的权威人士,他们再怎样努力,也给人"自己人帮自己人"的嫌疑。如果这时出面的人和企业没有利益关系,就可能令人信服。所以,这时候需要一个非隶属于企业的第三方权威人士,出面澄清、证实,使消费者解除警戒心理,重获他们的信任。

（二）企业邀请权威论证

怎样邀请这"第三方权威"呢？事实上,很多时候,危机发生的时候,行业专家、权威人士并不愿"趟浑水"。所以,企业要有预防意识,平时和本行业专家、政府主管部门保持良好关系,让他们熟悉本企业的运作和产品,对企业产生信任和欣赏,使他们在关键时刻愿意替企业说话,也能说到点子上去。

 小贴士

业界比较认同的危机处理"5S"原则

业界比较认同的危机处理"5S"原则包括:speed（速度第一）、system（系统运作）、shoulder（勇于承担）、sincerity（真诚沟通）、standard（权威论证）。"6F"原则:forecast（事先预测）原则、fast（迅速反应）原则、fact（尊重事实）原则、face（勇于面对）原则、frank（坦诚面对）原则、flexible（灵活变通）原则。

案例点拨

"案例导入"中的医药公司的危机处理原则如下:

(1) 迅速反应原则。悲剧发生的当天下午,公司设置的热线来处理客户质询。

(2) 勇于承担原则。当日,公司开始回收所有的该止痛药胶囊。

(3) 权威论证原则和坦诚面对原则。在有关机构的帮助下,公司对800万颗胶囊进行检验,发现75颗被氰化物污染。董事长在新闻发布会上公布事实。

(4) 系统运作原则和勇于承担原则。一个多月后,公司推出了经过三重安全密封包装的新胶囊,改装成本由公司承担。同时,敦促消费者使用没有被污染的肠溶片,承诺消费者无须购买凭证,可用胶囊直接交换肠溶片。

公司在危机处理中,"以消费者利益为重",赢得公众的信任,一年以后,该公司的产品又重新占有了95%的市场份额。

素养训练

在学校里,同学之间有时因小事会产生误会,很多同学为此烦恼。请列举处理"友谊危机"的做法。

_____

_____

_____

_____

_____

_____

主题 8.3　危机处理程序

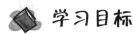 **学习目标**

我们将学习到……

◇ 沉着应对,制定战略
◇ 有效沟通,控制事态
◇ 查明原因,突破重点
◇ 顺势应变,转危为机

案例导入

某楼盘有业主投诉说房间有尿味。经检查,原来是冬季施工时,混凝土中添加的防冻剂挥发出来的氨气,致使整个房间成了卫生间。对于追求高质量生活条件的该楼盘业主来说,这是难以忍受的。

氨气事件引起了轩然大波,大小媒体不断追击着报道。政府及时把含有氨气的混凝土防冻剂列入了限制产品。

想一想

房地产公司该采取什么措施来解决问题?

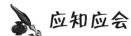 **应知应会**

一、沉着应对,制定战略

(一)处乱不惊,沉着应对

依据"时间第一"原则,在危机发生后,企业需要迅速做出反应。但是,如果仓促应对,谁又能保证不会忙中出乱呢?

快速反应不等于立即反应。危机的骤然降临,会带来巨大的压力,紧张、恐慌、愤怒等不良情绪可能在企业内部、公众之间蔓延。一位名人说过:"当危机发生时,最重要的就是再冷静一点。如果所有人都变得沮丧而冲动,对你来说,找到出路最好的办法就是冷静些,放松些。"危机处理人员这时候要处乱不惊,保持镇定清醒,沉着应对。如果组织者面对危机惊慌失措,情绪失控,危机肯定会进一步扩散,后果将难以收拾。

（二）制定战略，指导作战

如果不是性命攸关的事件，危机处理程序的第一步，是启动危机预防机制，根据危机的性质，确定危机处理小组的核心人员，讨论、制定战略。对于那些没有危机预防措施的企业，公关人员要迅速向高层汇报，请求成立应急小组，"亡羊补牢，未为晚矣"。

（1）战略制定首先要确定危机的性质，判断是何种危机。如产品质量危机可能蕴含着公关危机；劳资危机可能是内部管理混乱引起的。

（2）分析危机的发展趋势。危机影响会扩展到多大的范围，会造成怎样的危害。

（3）确定危机处理的立场。如情景创设中的某制药公司在某止痛胶囊投毒事件中，一开始就确立了"公众利益第一"的立场，作为此后一系列处理行动的指导纲领。这是它最终重新赢得公众，赢得市场的关键。

（4）根据危机性质进行人员分工，有关部门各司其职。

（5）制定行动目标，具体落实到各部门要完成的任务。

 特别提醒

（1）磨刀不误砍柴工。对于一个有危机意识、训练有素的企业来说，这种战略的制定只需几个小时，甚至几十分钟，却是以后行动正确、有序的保证。

（2）危机爆发后，它是动态的、不断发展的，因此，初期的战略制定也需要不断地调整。危机处理小组核心成员需要随时沟通，整合信息，随机应变。

二、有效沟通，控制事态

沟通是危机处理不可或缺的程序和手段，往往左右着危机的发展方向。沟通有效，可以把危机造成的危害控制在最小的范围之内，处理得当，还可以引导公众，使其重拾对企业的信心；反之，沟通缺失或沟通无效，事态会很快恶化，可能达到不可收拾的地步。

危机沟通包括企业内部沟通和外部沟通，对象涉及企业各级员工、媒体、政府、受害者、公众、合作伙伴、专家等。下面就以媒体沟通为例，谈谈危机处理。

（一）主动出击是进行有效沟通的关键

要尽快把真实情况、企业处理意图主动提供给媒体，以表明诚意，消除谣言和猜疑。不能等记者再三追问，才勉强应答，或者以"无可奉告"来搪塞，被动的姿态往往被理解成逃避责任。

（二）选定一个合格的发言人面对媒体

合格的发言人应理清思路，突出重点，将核心信息反复强调，通过媒体将意图传达给公众。首席执行官可以是发言人，但一些首席执行官虽是很出色的生意人，却不善与媒体沟通。因此，要选择熟悉沟通技巧的人担任这一职位，这样也可以为企业留有回旋和调整观点的余地。

（三）要善于控制场面,引导记者进入创设的情景

面对记者的咄咄逼问,一定要沉着冷静,千万不要恼羞成怒。优秀的发言人不会让现场变成一问一答式的被动局面,他善于借题发挥。当记者提出一个问题时,他会这样回答:"你这个问题很有趣,但目前更重要的是……"于是又掌握了谈话的主动权,成功地把自己要传达的重要信息传达出去。

（四）沟通的另一要点,是坚持坦诚面对的原则

企业平时和媒体保持良好关系,既有助于危机的预防,又有助于在危机处理时的沟通。如某公司 CEO 就把每周五下午设为媒体接待时间。

三、查明真相,突破重点

每次危机的发生总有它的原因,要想彻底解决危机,必须从危机的根源入手。有些危机,企业是清楚事件真相的,如红太阳牦牛骨髓壮骨粉造假案;有些危机,企业根本不知道它为什么发生,如某著名楼盘氨气案。对于前者,企业要尽快公布真相,消除猜疑和谣言;对于后者,企业更要尽快展开调查,找出症结所在,然后对症下药,解决问题,并及时向公众发布危机处理的进展。

可是,危机中,展现的情况是错综复杂的。有些企业,虽然清楚整个事件经过,却不会判断问题的重点在哪里,结果,在处理过程中,本末倒置,收效甚微。甚至,由于判断错误,导致处理错误,使危机愈加严重。所以,在危机处理开展之前,就要明确,要解决的核心问题和危机处理的目标。只有这样,才好集中人力物力,突破重点,挽回局面。

四、顺势应变,转危为机

危机在中文中是由"危"和"机"构成,在美国的《韦氏大字典》中被诠释为:"一件事好转与恶化的分水岭"。

"福兮祸之所伏,祸兮福之所倚",任何事物都有其两面性。危机虽然可怕,但伴随它而来的也有机遇,一次危机也许就是一次企业振兴的契机。危机管理专家诺曼·R. 奥古斯丁说过:"每一次危机既包括导致失败的根源,又孕育着成功的种子。发现、培育以便收获这个潜在的成功机会,就是危机管理的精髓。"

任何危机都有一个有利因素,即所受关注度大大增加。从某种意义上讲,是为企业做了免费的广告。企业在面对危机时应寻求和把握危机中的有利因素,采取有效的手段,变危机为转机,就可以把"知名度"变成"美誉度",这是危机处理的最高境界。

每个能转危为机的企业,处理的方式可能各有特点,但是他们一定会有共同之处:

（1）态度诚恳,处理及时。

（2）抓住关键,对症下药。

案例点拨

"案例导入"中的房地产公司处理氨气事件主要从以下几方面入手:

(1)快速反应,沉着应对。联合有关部门迅速查清原因,公布真相。

(2)与受害者和媒体形成有效沟通,得到认可,控制了事态。在媒体上发布诚恳真挚的道歉函,表明将承担所有的责任,接受无条件退房,并双倍支付利息。

(3)借势造势,加强正面宣传。举行除氨设备公开招标活动,开始转危为机。

(4)突破重点,解决了问题。在有氨气房间安装除臭设备,请国家权威机构检测。

(5)人性化服务,赢得赞誉。为每户安装了设备的家庭补偿耗电费。

通过采取以上的处理方式,该公司做法赢得广泛好评,结果无一人退房,反而名声大噪。一场危机,转变为大规模的媒体推广活动。

素养训练

王洁是一家超市里的奶制品导购员。这一天,超市生意正好,突然冲进来一个神色激动的妇女,拿着一瓶已经开启的奶粉,对王洁说:"你们卖的是什么奶粉?你看都结块了,我的孩子喝了这奶粉不停地拉肚子,现在正在医院呢……"她这一嚷嚷,很多客户都围了过来。

王洁该怎么做呢?该超市的管理人员需要采取什么措施?

_____

_____

_____

_____

_____

_____

_____

主题 8.4 危机品牌重塑

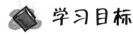 学习目标

我们将学习到……
◇ 总结危机处理经验
◇ 确定品牌重塑目标
◇ 实施品牌重塑方案

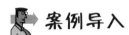 案例导入

因不满一篇有关员工"超时加班"问题的报道,某公司以名誉侵权纠纷为由,向报社两名记者提出总额数百万元人民币索赔,并通过法院,查封、冻结了两名记者的个人财产。起诉方为此支付给法院高达 50 万元的诉讼费。在媒体和广大网友的口诛笔伐之下,这场闹剧草草收场,该公司不仅没有达到预期目标,反而企业形象大损。

 想一想

该公司如何重塑企业形象呢?

 应知应会

危机得到有效的控制和解决后,并不意味着危机处理的结束。事实上,危机事件对企业的损害,往往会持续相当长的一段时间。有研究表明,危机后遗症波及的平均时间为八周半。因此,商务危机得到控制后,危机处理还要进入品牌形象重塑阶段。只有企业品牌形象得到重新建立,才能转危为安。

一、总结危机处理经验

(一) 作用

企业经历危机并不可怕,更不稀奇。许多国际著名品牌都曾经历过许多次危机的煎熬和考验。像肯德基、可口可乐、宝洁、雀巢、万宝路等。过去,业内人士常常感慨:国际品牌百折不死,国内品牌一触即溃。这些"不死企业"之所以能多次东山再起,主要是因为它们积累了丰富的危机处理经验,在危机发生时,能妥善处理;在危机过后,能有针对性地开展品牌形象重塑。

因此,在危机处理的后阶段,总结经验教训显得尤为重要。它的作用有以下三个:

（1）防止类似的危机再次发生。

（2）为以后的危机处理提供借鉴。

（3）使企业形象重塑更有针对性和目的性。

前两个作用要在企业以后的运作中才能凸显出来。而对于企业形象重塑来说，总结经验教训是当务之急，是接下去行动的指南。

（二）实施

1. 确定危机源

明确为什么会发生危机。如果原因是自身无法控制的，如自然灾害、政策变化、意外的变故等，这种危机即使导致企业蒙受重大的经济损失，但对企业的无形资产，即企业品牌形象损害并不大，而且公众对企业往往抱有同情的态度。因此，企业品牌形象重塑很容易达到预期效果。实际上，如果在危机发生时，企业各部门处理得当的话，就已经使企业形象得到恢复和提升了，即"转危为机"了。

但是，如果原因是企业自身失误造成的，如产品质量问题、管理混乱、信誉缺失、劳资矛盾等，就意味着企业存在过错，负有责任，企业形象会受到严重的损害，形象重塑就变得更为重要和艰巨。开展企业形象重塑这一工程时，首先要针对危机源，进行改正和修复，以表明有错就改的诚意。有时，也可以采取淡化处理、转移公众关注点等方法。

2. 进行危机处理评价

进行危机处理评价指对危机处理过程进行分析，判断危机管理工作的质量和效率。简而言之，就是判断危机处理是否得当，包括各部门合作是否协调，是否暴露了企业内部的某种缺陷，哪些工作是危机处理中的亮点等。根据这些信息，在重塑形象时，对缺点进行弥补、淡化，对优点进行发挥、强调。

危机处理评价是总结经验阶段最主要的环节，既为实施具体的形象重塑计划提供了有效的信息，又为今后的危机管理工作提供了参考依据，尤其对提高企业内部的凝聚力，提升企业的竞争力具有重要意义。因此，危机处理评价必须要准确、公正。通常需要采用调查、统计、分析、讨论、归纳等一系列的方法。

3. 估计后续影响

没有影响就没有危机，危机既然发生，就已经造成了负面影响。随着危机的演变，这种影响会越来越大。但如果危机处理及时得当的话，负面影响就会得到控制，甚至事态会向积极的方向发展。

危机过后，危机影响依然会存在相当长的一段时间。形象重塑的一个重要前提，就是估计这种影响的存在状况。包括：危机影响到了哪些人？分别是怎样的影响？可能持续多长的时间？受影响的人通常包括受害者、企业员工、合作者、媒体、政府、关注此事的公众。形象重塑的主要目的就是消除这部分人受到的不良影响，重塑他们对企业的信心。

二、确定品牌重塑目标

危机过后,企业品牌重塑是一个比较大的工程,确定清晰的重塑目标可以给这项工作以指引,使之有的放矢,事半功倍。重塑目标大致可以分为以下四个方面:

(1)取得受害者及其家属的谅解。

(2)加强公司员工的凝聚力和信心。

(3)争取事业上新的关心者和支持者。

(4)获得公众的认可,提高企业的公信力和美誉度,树立良好的社会形象,这是企业形象重塑的主要目标。

三、实施品牌重塑方案

 特别提醒

品牌形象包含三个部分:产品形象、企业形象和企业家的形象。

(一)对企业内部

危机发生后,企业内部会发生或大或小的"地震"。员工的凝聚力、积极性、对企业的信心都会降低,企业内部人心惶惶,员工无心工作。如果不改变这种状态,企业形象无论如何装扮,都是没有意义的。

在内部推行有计划的企业形象的重塑工程,主要从以下几个方面入手:

(1)畅通沟通渠道。要以真诚和坦率的态度安排各种交流活动,形成领导和员工之间的上情下达,下情上达的沟通机制,增强组织管理的透明度和员工对组织的信任。

(2)以积极的态度动员全体员工参与决策,制定出新环境中形象重塑的计划。培养员工主人公精神,让员工对企业未来重拾信心。

(3)完善组织各项制度和措施,加强企业内部的科学管理。危机处理经验总结为品牌形象重塑提供大量的反馈信息。在此基础上,针对危机中暴露出的管理漏洞,进行弥补和修复,从内部重塑企业形象。

(二)对企业外部

(1)对于不可避免的危机事件,如果直接受害者不是企业,企业也要积极面对。尽快与媒体和受害者进行有效沟通,及时公布真相,证明企业的无过错,显示企业的社会责任感和同情心,塑造"有良知企业"的形象。

如果企业自身受到损害,要争取外界的同情和支持,也要显示实力和决心,表明自己有渡过难关的能力,塑造"有实力企业"的形象。

（2）对于企业过错危机，如果之前的危机处理得当，形象重塑就并非难事。只要有针对性地进行弥补，然后再开展一些有诚意、有创意的公益活动，通常就能够挽回企业信誉，重新获得公众的信任。企业形象不仅能得以恢复，还可能更加深入人心。

但是，如果公司对危机的最初处理乏善可陈，已经造成长达数周甚至数月的负面影响，这时公司应该暂时修整一下，等不良影响渐渐消退，公众的关注转移后，再开始品牌重建，重返公众的视线。这个过程，根据危机的程度不同，需要的时间也不同。

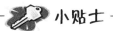 **小贴士**

重塑企业形象目标

1. 有良知企业；
2. 有实力企业；
3. 重信誉企业。

 **案例点拨**

"案例导入"中的公司应当在重塑企业形象时做到以下几点：

（1）找准危机源，化解主要矛盾。该公司向市中级人民法院申请解除对两名记者个人资产的冻结。

（2）修正错误，平息不良影响。该公司撤销诉讼，与报社双方互致歉意。

（3）转移关注，塑造"有实力企业形象"。开展系列主题活动，展示自主创新成果。

（4）塑造企业形象。给某白血病儿童捐款 30 万元。捐赠 3 000 万元人民币投入慈善事业，并公布具体的捐赠计划、受益者名单和数额分配。

素养训练

某学校市场营销专业高二(2)班是一个团结友爱，积极上进的班集体。在一次运动会中，个别同学与别班同学产生冲突，在全校师生中留下不良影响。肇事的同学很后悔，全班同学也都很希望能挽回声誉，重新树立班级良好形象。他们应该怎么做呢？

请以小组为单位，模拟该班班委，制订出班级形象重塑初步计划，并交流讨论。

回 顾 总 结

通过本单元案例引导，理论说明，学习了商务危机处理的有关知识和运用技巧，为以后从事商务公关工作做理论储备。

拓 展 训 练

请识别以下招工广告的真伪,分析其危机所在。

广告一:本公司因业务需要招聘业务员,兼职全职皆可,适合在校学生和在职人员,无风险,包赚钱。在机会面前,有的人选择抓住,有的人选择放弃,有的人在等下一个,你呢? 咨询电话:×××××××××(手机号码),联系人:刘女士。

广告二:由于业务不断扩展,我公司将在本市招收业务员、保安、司机、文员、接待员若干名。

条件:初中以上学历,年龄18~30岁,男女均可。愿意服从公司管理制度者优先。

待遇:月薪3 000~8 000元,底薪加提成,住宿免费。条件优惠,名额有限,招满为止。有意者请与杜经理联系,经面试、体检合格即可录用,参加带薪培训。

联系电话:××××××××××(手机号码)

广告三：我集团因工程建设需要,特向社会招聘安装专业人员 2 名。要求男性,年龄 40 周岁以下,需具备技师或以上职称,工作经历 3 年以上者优先录用。有意者请携带身份证及复印件一张、单寸照片 2 张及有关证明到我公司人力资源部报名。年薪面议。

咨询电话:××××-××××××××

传真:××××-××××××××

联系人:张女士 陈先生

地址:××市技术开发区朝阳路 78 号

有效期至××××年×月×日

×× 市 ×× 集团实业开发公司

参考文献

［1］金正昆. 现代礼仪［M］. 北京：北京大学出版社，2014.

［2］张华，周兴中. 职业形象与职场礼仪［M］. 北京：化学工业出版社，2016.

［3］王琪. 现代礼仪大全［M］. 北京：地震出版社，2005.

［4］林雨荻. 跟我学礼仪［M］. 北京：北京大学出版社，2006.

［5］鲁琳雯. 现代礼仪实用教程［M］. 银川：宁夏人民出版社，2007.

［6］长尾裕子. 商务礼仪［M］. 北京：中国人民大学出版社，2005.

［7］金正昆. 商务礼仪教程［M］. 北京：中国人民大学出版社，2005.

［8］林雨荻. 跟我学礼仪［M］. 北京：北京大学出版社，2006.

［9］叶秉喜，庞亚辉. 危机管理定乾坤［M］. 北京：电子工业出版社，2005.

［10］倪剑. 危机公关诊所［M］. 上海：文汇出版社，2007.

［11］俞宏标. 企业公共关系实务［M］. 杭州：浙江大学出版社，2006.

［12］韦克俭，宋涛. 商务公关与礼仪实用教程［M］. 北京：北京大学出版社，2006.

［13］孙玉红. 直面危机［M］. 北京：中信出版社，2004.

［14］张岩松. 公关关系案例精选精析［M］. 北京：中国社会科学出版社，2006.

［15］韦克俭，宋涛. 商务公关与礼仪实用教程［M］. 北京：北京大学出版社，2006.

［16］周安华，苗晋平. 公关关系理论、实务与技巧［M］. 北京：中国人民大学出版社，2007.

［17］孙宝水. 公共关系基础［M］. 2版. 北京：高等教育出版社，2008.

［18］龙志鹤，张岩松. 现代公关关系学［M］. 北京：经济管理出版社，2006.

［19］周朝霞. 营销礼仪［M］. 北京：中国人民大学出版社，2006.

［20］沈杰，方四平. 公共关系与礼仪［M］. 北京：清华大学出版社，2006.

附录　教学过程评价表

单元1　语言的魅力　评价表

教学过程评价采取自我评价占30%、小组评价占30%、教师评价占40%的方式进行综合评定。小组长在"建议"栏中写出对该成员的改进建议和希望;教师在"评语"栏中给予综合评价,并指出需要提高和改进的方面。

● 自我评价

主要评价内容	分值	得分
学习态度好,能通过讨论的方式共享他人的观点和想法	8	
积极参加探究活动,并达到预想的目的	6	
自主学习,主动发现问题,提出问题并寻求解决问题的方法	8	
在分工的基础上共同承担任务,高效完成自己的任务	8	
合计	30	

● 小组评价

主要评价内容	分值	得分
善于与人合作,虚心听取别人的意见	6	
积极参与讨论与交流	8	
能有条理地表达自己的意见,解决问题过程有条理	8	
小组合作中贡献度大	8	
合计	30	

建议	
	组长签名:　　　　　　　年　月　日

● **教师评价**

主要评价内容	分值	得分
了解语言的本质、功能、销售语言	8	
理解什么是思维创新及如何思维创新	10	
掌握倾听的技巧	10	
掌握说话的技巧	12	
合计	40	

评语	
	教师签名：　　　　年　　月　　日

自我总结	我的优势	
	我的不足	
	我的努力目标	
	我的改进措施	
	我的最终成绩	本人签名： 　　　　年　　月　　日

单元 2　销售语言　评价表

　　教学过程评价采取自我评价占 30%、小组评价占 30%、教师评价占 40% 的方式进行综合评定。小组长在"建议"栏中写出对该成员的改进建议和希望;教师在"评语"栏中给予综合评价,并指出需要提高和改进的方面。

● 自我评价

主要评价内容	分值	得分
学习态度好,能通过讨论的方式共享他人的观点和想法	8	
积极参加探究活动,并达到预想的目的	6	
自主学习,主动发现问题,提出问题并寻求解决问题的方法	8	
在分工的基础上共同承担任务,高效完成自己的任务	8	
合计	30	

● 小组评价

主要评价内容	分值	得分
善于与人合作,虚心听取别人的意见	6	
积极参与讨论与交流	8	
能有条理地表达自己的意见,解决问题过程有条理	8	
小组合作中的贡献度大	8	
合计	30	

建议	
	组长签名:　　　　　　年　　月　　日

● **教师评价**

主要评价内容	分值	得分
了解推销语言的原则	4	
掌握推销前的语言技巧	12	
掌握推销中的语言技巧	12	
掌握推销后的语言技巧	12	
合计	40	

评语	
	教师签名：　　　　　　　年　　月　　日

自我总结	我的优势	
	我的不足	
	我的努力目标	
	我的改进措施	
	我的最终成绩	本人签名： 年　　月　　日

单元 3　服务用语　评价表

教学过程评价采取自我评价占 30%、小组评价占 30%、教师评价占 40% 的方式进行综合评定。小组长在"建议"栏中写出对该成员的改进建议和希望；教师在"评语"栏中给予综合评价，并指出需要提高和改进的方面。

● **自我评价**

主要评价内容	分值	得分
学习态度好，能通过讨论的方式共享他人的观点和想法	8	
积极参加探究活动，并达到预想的目的	6	
自主学习，主动发现问题，提出问题并寻求解决问题的方法	8	
在分工的基础上共同承担任务，高效完成自己的任务	8	
合计	30	

● **小组评价**

主要评价内容	分值	得分
善于与人合作，虚心听取别人的意见	6	
积极参与讨论与交流	8	
能有条理地表达自己的意见，解决问题过程有条理	8	
小组合作中的贡献度大	8	
合计	30	

建议	

组长签名：　　　　　　　年　　月　　日

● **教师评价**

主要评价内容	分值	得分
了解服务用语的类型	8	
掌握服务用语的要求	10	
掌握常见的服务用语及恰当的称呼	10	
掌握服务过程中用语的规范	12	
合计	40	

评语	
	教师签名： 年 月 日

自我总结	我的优势	
	我的不足	
	我的努力目标	
	我的改进措施	
	我的最终成绩	本人签名： 年 月 日

单元 4　商务形象礼仪　评价表

教学过程评价采取自我评价占 30%、小组评价占 30%、教师评价占 40% 的方式进行综合评定。小组长在"建议"栏中写出对该成员的改进建议和希望；教师在"评语"栏中给予综合评价，并指出需要提高和改进的方面。

● 自我评价

主要评价内容	分值	得分
学习态度好，能通过讨论的方式共享他人的观点和想法	8	
积极参加探究活动，并达到预想的目的	6	
自主学习，主动发现问题，提出问题并寻求解决问题的方法	8	
在分工的基础上共同承担任务，高效完成自己的任务	8	
合　计	30	

● 小组评价

主要评价内容	分值	得分
善于与人合作，虚心听取别人的意见	6	
积极参与讨论与交流	8	
能有条理地表达自己的意见，解决问题过程有条理	8	
小组合作中的贡献度大	8	
合　计	30	

建议	
	组长签名：　　　　　　年　　月　　日

● 教师评价

主要评价内容	分值	得分
掌握正确的仪态礼仪	10	
掌握恰当的仪容礼仪	10	
掌握巧妙的着装礼仪	10	
掌握适宜的言谈礼仪	10	
合计	40	

评语	
	教师签名：　　　　　　　年　　月　　日

自我总结	我的优势	
	我的不足	
	我的努力目标	
	我的改进措施	
	我的最终成绩	本人签名： 年　　月　　日

单元 5　商务见面礼仪　评价表

教学过程评价采取自我评价占 30%、小组评价占 30%、教师评价占 40%的方式进行综合评定。小组长在"建议"栏中写出对该成员的改进建议和希望；教师在"评语"栏中给予综合评价,并指出需要提高和改进的方面。

● 自我评价

主要评价内容	分值	得分
学习态度好,能通过讨论的方式共享他人的观点和想法	8	
积极参加探究活动,并达到预想的目的	6	
自主学习,主动发现问题,提出问题并寻求解决问题的方法	8	
在分工的基础上共同承担任务,高效完成自己的任务	8	
合计	30	

● 小组评价

主要评价内容	分值	得分
善于与人合作,虚心听取别人的意见	6	
积极参与讨论与交流	8	
能有条理地表达自己的意见,解决问题过程有条理	8	
小组合作中的贡献度大	8	
合计	30	

建议	
	组长签名:　　　　年　　月　　日

● 教师评价

主要评价内容	分值	得分
掌握自我介绍的注意事项、形式及能为他人做介绍	10	
掌握正确握手姿势和握手语	10	
掌握如何发送名片	10	
掌握馈赠礼节	10	
合计	40	

评语	
	教师签名：　　　　　　　　年　月　日

自我总结	我的优势	
	我的不足	
	我的努力目标	
	我的改进措施	
	我的最终成绩	本人签名： 年　月　日

单元 6　商务场合礼仪　评价表

　　教学过程评价采取自我评价占 30%、小组评价占 30%、教师评价占 40% 的方式进行综合评定。小组长在"建议"栏中写出对该成员的改进建议和希望;教师在"评语"栏中给予综合评价,并指出需要提高和改进的方面。

● 自我评价

主要评价内容	分值	得分
学习态度好,能通过讨论的方式共享他人的观点和想法	8	
积极参加探究活动,并达到预想的目的	6	
自主学习,主动发现问题,提出问题并寻求解决问题的方法	8	
在分工的基础上共同承担任务,高效完成自己的任务	8	
合计	30	

● 小组评价

主要评价内容	分值	得分
善于与人合作,虚心听取别人的意见	6	
积极参与讨论与交流	8	
能有条理地表达自己的意见,解决问题过程有条理	8	
小组合作中的贡献度大	8	
合计	30	

建议	

组长签名:　　　　　　　　年　　月　　日

● 教师评价

主要评价内容	分值	得分
了解宴请礼仪	8	
了解旅行礼仪	8	
掌握洽谈礼仪	12	
掌握会务礼仪	12	
合计	40	

评语	
	教师签名: 年 月 日

自我总结	我的优势	
	我的不足	
	我的努力目标	
	我的改进措施	
	我的最终成绩	本人签名: 年 月 日

单元7　商务客户礼仪　评价表

教学过程评价采取自我评价占30%、小组评价占30%、教师评价占40%的方式进行综合评定。小组长在"建议"栏中写出对该成员的改进建议和希望；教师在"评语"栏中给予综合评价，并指出需要提高和改进的方面。

● 自我评价

主要评价内容	分值	得分
学习态度好,能通过讨论的方式共享他人的观点和想法	8	
积极参加探究活动,并达到预想的目的	6	
自主学习,主动发现问题,提出问题并寻求解决问题的方法	8	
在分工的基础上共同承担任务,高效完成自己的任务	8	
合计	30	

● 小组评价

主要评价内容	分值	得分
善于与人合作,虚心听取别人的意见	6	
积极参与讨论与交流	8	
能有条理地表达自己的意见,解决问题过程有条理	8	
小组合作中的贡献度大	8	
合计	30	

建议	
	组长签名：　　　　　　年　　月　　日

● **教师评价**

主要评价内容	分值	得分
掌握接待客户礼仪	10	
掌握邀约礼仪	10	
掌握拜访礼仪	10	
掌握受理投诉礼仪	10	
合计	40	

评语	
	教师签名： 年 月 日

自我总结	我的优势	
	我的不足	
	我的努力目标	
	我的改进措施	
	我的最终成绩	本人签名： 年 月 日

单元 8　商务危机处理　评价表

教学过程评价采取自我评价占 30%、小组评价占 30%、教师评价占 40% 的方式进行综合评定。小组长在"建议"栏中写出对该成员的改进建议和希望;教师在"评语"栏中给予综合评价,并指出需要提高和改进的方面。

● 自我评价

主要评价内容	分值	得分
学习态度好,能通过讨论的方式共享他人的观点和想法	8	
积极参加探究活动,并达到预想的目的	6	
自主学习,主动发现问题,提出问题并寻求解决问题的方法	8	
在分工的基础上共同承担任务,高效完成自己的任务	8	
合计	30	

● 小组评价

主要评价内容	分值	得分
善于与人合作,虚心听取别人的意见	6	
积极参与讨论与交流	8	
能有条理表达自己的意见,解决问题过程有条理	8	
小组合作中贡献度大	8	
合计	30	

建议	

组长签名:　　　　　　　年　　月　　日

● **教师评价**

主要评价内容	分值	得分
了解商务危机的种类	6	
理解危机处理原则	10	
掌握危机处理程序	12	
掌握危机品牌重塑	12	
合 计	40	

评语	
	教师签名：　　　　　年　　月　　日

自我总结	我的优势	
	我的不足	
	我的努力目标	
	我的改进措施	
	我的最终成绩	本人签名： 年　　月　　日

职业教育国家规划教材、立项教材及其
配套教学用书

书号	书名	主编	估定价	配套资源
9787040554786	市场营销基础	应旭萍	35.20	二维码、学习卡、辅导书
	市场营销基础学习指导与练习	应旭萍		二维码、学习卡
9787040548143	市场营销基础（第2版）	杨丽佳	32.80	二维码、学习卡、辅导书
9787040560398	市场营销基础学习指导与练习（第2版）	杨丽佳	23.60	二维码、学习卡
9787040470857	市场营销基础	张润琴	25.50	二维码、学习卡、辅导书
9787040470864	市场营销基础学习指导与练习	张润琴	17.80	二维码、学习卡
9787040532029	市场营销知识（第4版）	王宝童、冯金祥	26.00	二维码、学习卡、习题集
9787040544046	市场营销知识习题集（第4版）	王宝童、冯金祥	21.80	二维码、学习卡
9787040555400	营销素养训练（第2版）	徐克美、黄晓蕾	33.70	二维码、学习卡
9787040540079	商品知识（第3版）	何毓颖、张智清	26.20	二维码、学习卡、辅导书
9787040552966	商品知识学习指导与练习（第2版）	何毓颖	19.10	二维码、学习卡
9787040553871	商品管理（第2版）	傅晖、郭玉金	24.90	二维码、学习卡、辅导书
9787040437607	商品管理学习指导与练习（第2版）	傅晖	17.90	课件
9787040365641	商品学基础（第2版）	谢瑞玲	35.80	
9787040493146	商品基础知识	傅晖	20.70	二维码、学习卡
9787040557121	商务沟通与谈判（第2版）	王婷婷、郭怡梅	24.80	学习卡
9787040523928	商务礼仪	王子亮	27.80	二维码、学习卡
9787040556629	消费心理（第2版）	徐雷、张莉	28.50	学习卡
9787040434132	门店运营实务	陈福珍、钟世丹	24.80	课件
9787040487596	财会知识	于家臻	26.70	二维码、学习卡
9787040561920	推销实务（第2版）	崔利群、苏巧娜	27.20	课件
	推销技能训练（第2版）	崔利群、苏巧娜	21.20	二维码、学习卡
9787040493214	商品经营实务	韩磊	21.70	二维码、学习卡
9787040266863	商品经营（第2版）	张雪芬、曹汝英	18.80	
9787040334067	商品经营技能训练（第2版）	张雪芬	24.60	课件
9787040273427	柜组核算（第2版）	张立波	16.60	

书号	书名	主编	估定价	配套资源
9787040273434	柜组核算习题集（第 2 版）	张立波	15.90	
9787040561098	销售心理学	李曦妍	30.50	二维码、学习卡
9787040266887	销售心理学基础（第 2 版）	时虹光、苑望	18.80	辅导书、课件
9787040273663	销售心理学基础学习指导与练习	苑望	22.50	课件
9787040556995	销售服务技术	周秀娟、张慧灵	25.80	二维码、学习卡
9787040273656	销售服务技术（第 2 版）	汤向阳、印文郁	22.80	
9787040266894	销售语言与服务礼仪（第 2 版）	刘桦	13.90	辅导书、课件
9787040273670	销售语言与服务礼仪学习指导与练习	李灵、刘桦	18.80	课件
9787040110210	商业实用美术	张祖健、丁礼钦	9.80	
9787040172805	商品展示	张艳玲	24.70	
9787040430752	商品陈列	张莉、徐雷	34.80	学习卡
9787040324075	推销实务（第 2 版）	黄元亨	28.00	学习卡
9787040376227	推销技能强化训练	王力先	24.70	课件
9787040502378	推销与沟通技巧（第 2 版）	崔利群、苏巧娜	37.00	二维码、学习卡
9787040532005	市场营销策划（第 2 版）	应旭萍、魏华	27.80	二维码、学习卡
9787040542424	市场营销策划学习指导与练习	应旭萍、魏华		二维码、学习卡
9787040433739	市场调查	杨继峥、郑佳美	26.00	课件
9787040181357	市场调查与分析	杨丽佳	18.10	
9787040540871	市场调查与分析（第 3 版）	蒋姝蕾	18.90	学习卡、二维码、辅导书
9787040336023	市场调查与分析技能训练	陶瑾	17.90	课件
9787040334050	市场营销案例与实训（第 2 版）	杨丽佳	23.60	课件
9787040226454	模拟公司市场营销实训	王三芳	16.80	课件
9787040352948	房地产营销实务（第 2 版）	黄元亨、黄建聪	21.30	
9787040198119	会展营销实务	惠雯、刘东磊	18.80	
9787040177107	市场营销能力综合训练	李军昭	12.10	
9787040177091	广告原理与实务	白素华、惠雯	15.80	
9787040518443	广告创意经典案例（中英双语）	莱昂·伯格、朱增新	46.80	二维码
9787040363821	银行产品营销与服务	蔡宝兰	18.10	
9787040430141	连锁经营基础	何毓颖	28.00	课件
9787040552805	连锁经营基础（第 2 版）	何毓颖		学习卡、二维码

书号	书名	主编	估定价	配套资源
9787040430127	连锁经营门店营运	高磊	29.10	
9787040351323	连锁企业信息系统应用	郑彬	15.50	课件
9787040430165	客户服务与管理	何冯虚、栾静	26.10	课件
9787040430233	连锁企业仓储与配送实务	王翎	21.70	课件
9787040430110	连锁经营法律法规	张楠	25.10	
9787040446784	消费心理与沟通技巧	王立峰、庄敏	23.20	
9787040430301	卖场营销	王翎、李承波	29.50	课件
9787040273359	超市服务与营销	郑彬	15.80	
9787040558913	企业文化（第3版）	王涛	23.90	二维码、学习卡
9787040307122	营业员英语口语	张海芸	24.40	课件
9787040486919	收银实务（第3版）	于家臻	21.30	二维码、学习卡
9787040379372	理货员岗位实训	高磊	19.60	课件
9787040367898	防损员岗位实训	傅晖	23.60	课件
9787040210965	店长岗位实训	商和功、杨蕊	17.90	课件

郑重声明

防伪查询说明

用户购书后刮开封底防伪涂层,利用手机微信等软件扫描二维码,会跳转至防伪查询网页,获得所购图书详细信息。也可将防伪二堆码下的20位密码按从左到右、从上到下的顺序发送短信至106695881280,免费查询所购图书真伪。

反盗版短信举报

编辑短信"JB,图书名称,出版社,购买地点"发送至10669588128

防伪客服电话

(010)58582300

学习卡账号使用说明

一、注册/登录

访问 http://abook.hep.com.cn/sve,点击"注册",在注册页面输入用户名、密码及常用的邮箱进行注册。已注册的用户直接输入用户名和密码登录即可进入"我的课程"页面。

二、课程绑定

点击"我的课程"页面右上方"绑定课程",正确输入教材封底防伪标签上的20位密码,点击"确定"完成课程绑定。

三、访问课程

在"正在学习"列表中选择已绑定的课程,点击"进入课程"即可浏览或下载与本书配套的课程资源。刚绑定的课程请在"申请学习"列表中选择相应课程并点击"进入课程"。如有账号问题,请发邮件至:4a_admin_zz@ pub.hep.cn。